HOMMAGE FILIAL

A SA GRANDEUR M^GR. LABOURÉ

ARCHEVÊQUE DE RENNES, DOL ET S^T. MALO

# TRAITÉ

DE

# L'ACCOMPAGNEMENT DU PLAIN-CHANT

PAR L'ABBÉ

## L. LEPAGE

ORGANISTE A L'ÉGLISE MÉTROPOLITAINE
DE RENNES

1894



PRIX NET : 6 FRANCS

BOSSARD-BONNEL, 3, Rue Nationale, 3
RENNES



IMP. JOLY, PARIS.

HOMMAGE FILIAL

A SA GRANDEUR MGR LABOURÉ

ARCHEVÊQUE DE RENNES, DOL ET ST MALO

# TRAITÉ DE L'ACCOMPAGNEMENT DU PLAIN-CHANT

PAR L'ABBÉ

L. LEPAGE

ORGANISTE A L'ÉGLISE MÉTROPOLITAINE DE RENNES

1894



PRIX NET : 6 FRANCS

BOSSARD-BONNEL, 3, Rue Nationale, 3
RENNES



IMP. JOLY, PARIS.

# PRÉFACE

Ce traité a pour but de montrer les ressources multiples dont on peut disposer pour l'accompagnement du plain-chant, en lui conservant son véritable caractère.

On défigure le plain-chant en lui appliquant une harmonie lourde et monotone, ou bien on le dénature en lui imposant des accords étrangers à sa tonalité. Cela vient de ce qu'on ne l'étudie pas suffisamment. Le débutant, alléché par de vaines promesses, s'imagine volontiers qu'il est devenu en quelques leçons maître de son sujet; l'harmoniste se persuade avec peine que le genre essentiellement diatonique de la mélodie qu'il accompagne renferme des éléments assez variés pour donner l'essor à son imagination. Nous avons voulu prouver, par un exposé théorique complet appuyé de nombreux exemples pratiques, que le plain-chant est une langue des sons qui se suffit harmoniquement à elle-même, et qui, pour garder son originalité et sa mâle saveur, répudie toute agrégation née d'un système qui n'est pas le sien. Tels sont les accords dissonnants, tels sont aussi les accords consonnants où l'on voudrait faire entrer des accidents que ne comporte point l'échelle modale. Nous demandons à l'élève de ne pas retarder ses progrès en se hâtant dans son étude. Qu'il n'abandonne un chapitre que lorsqu'il l'aura possédé, principalement la Syntaxe des accords et les deux tableaux. (*Pages* 40 *et* 60.)

La lecture du plain-chant telle que nous la proposons coûtera peu d'efforts. Elle est aussi simple que nouvelle, car elle se réduit à l'emploi d'une seule clef, donnant toujours le même nom, quel que soit le mode, à la note placée sur la même ligne.

Dieu veuille que ce travail, entrepris pour l'honneur de son culte, serve à développer le goût des études sérieuses et méthodiques dans les âmes accessibles aux beautés de l'art chrétien, et à leur ouvrir le trésor des richesses harmoniques dont le plain-chant est une source si variée et si féconde.



*L. LEPAGE.*

*Rennes, 1er Octobre 1894.*

*Mon cher Abbé,*

*Le rapport compétent qui m'a été fait de votre* Traité de l'accompagnement du Plain-chant *vous est si entièrement favorable que je vous remercie de votre aimable dédicace, en l'acceptant volontiers. Alors que notre vénérable chant liturgique préoccupe à nouveau les artistes chrétiens et que N. S. P. le Pape vient par un récent décret de le remettre à l'ordre du jour, il me plaît de voir un de mes prêtres traiter à fond, comme vous l'avez fait avec l'autorité de vos longues et patientes études, une matière éminemment ecclésiastique.*

*En bénissant ce travail je lui souhaite le succès que mérite la légitime réputation de son auteur.*

*Recevez, mon cher abbé, l'assurance de mon affectueux dévouement en N. S.*

† G. M. JOSEPH
*Archevêque de Rennes*

# TABLE

# PREMIÈRE PARTIE.

## CHAPITRE PREMIER

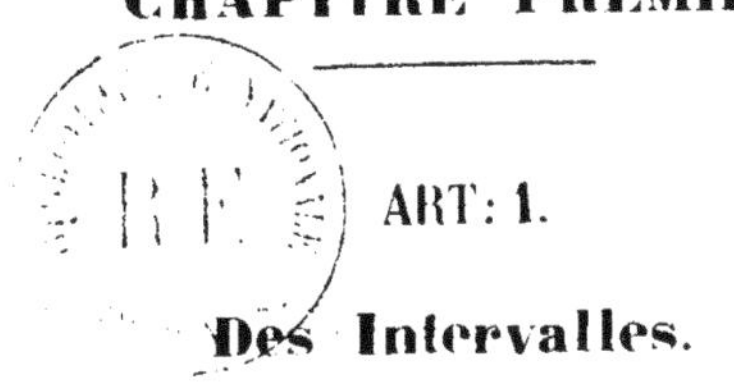

### ART: 1.

### Des Intervalles.

**1.** On appelle Intervalle la distance d'un son à un autre son.

Pour trouver le *nom* de l'Intervalle, il faut compter toutes les notes qui le forment, y compris la note de départ et la note d'arrivée. Exemple: de **Do** à **La** en montant, on compte **do, ré, mi, fa, sol, la**, en tout six notes: c'est une sixte. De **Do** à **La** en descendant, on compte **do, si, la**, en tout trois notes, c'est une tierce. C'est ainsi que 2 forment un intervalle de **seconde**; 3, de **tierce**; 4, de **quarte**; 5, de **quinte**; 6, de **sixte**; 7, de **septième**; 8, d'octave.

**2.** La **qualité** des mêmes intervalles se reconnait au nombre de tons et de demi-tons qui les composent.

Voici le tableau des principaux:

Les intervalles sont ascendants, si on les compte de bas en haut, descendants, si on les compte de haut en bas.



**BOSSARD-BONNEL**, Éditeur à RENNES.

# ART: II.

## Formation des Accords.

**3.** Entrons maintenant dans le domaine musical moderne, réservant pour un autre chapitre l'explication de la différence essentielle qu'il y a entre ce qui est devenu la musique proprement dite et le plain-chant, musique d'autrefois.

On sait qu'il existe deux sortes de gammes: la gamme majeure et la gamme mineure. Dans chacune d'elles il y a 5 tons et deux demi-tons. C'est la place de ces deux demi-tons qui distingue les deux gammes et constitue leur manière d'être.

Dans la gamme majeure, le premier demi-ton se place entre le troisième et le quatrième degré, le deuxième entre le 7me et le 8me.

Dans la gamme mineure, le premier demi-ton se place entre le deuxième et le troisième degré, le deuxième entre le 5me et le 6me.

Les autres degrés sont séparés par des tons.

Les degrés se nomment:

1er degré ..... *Tonique.*
2me ............ *Sus-tonique.*
3me ............ *Médiante.*
4me ............ *Sous-Dominante.*
5me ............ *Dominante.*
6me ............ *Sus-Dominante.*
7me ............ *Sensible.* (1)
8me ............ *Octave.*

**4.** Chaque gamme majeure a sa gamme relative mineure, qui se trouve placée une tierce mineure ( 1 ton ½ ) au-dessous d'elle. Soit, par exemple:

| *GAMMES MAJEURES de* | *GAMMES MINEURES de* |
|---|---|
| **Ut.** | **La.** |
| **Sol.** | **Mi.** |
| **Ré.** | **Si.** |
| **Fa.** | **Ré.** |
| **Si ♭.** | **Sol.** |
| **Mi ♭.** | **Ut.** |

(1) Pour la gamme mineure ce 7e degré s'appelle du nom de son chiffre, *septième.*

**5.** Abordons maintenant la formation harmonique des deux gammes-types, **ut majeur** et **la mineur**, c'est-à-dire accompagnons chacune de leurs notes, prise comme chant, par un accord.

Pour qu'il y ait accord, il faut au moins trois sons, superposés dans un ordre déterminé.

Un accord est **parfait majeur**, s'il se compose d'une tierce majeure (2 tons) et d'une tierce mineure. (1 ton ½)

Un accord est **parfait mineur**, s'il se compose d'une tierce mineure (1 ton ½) et d'une tierce majeure. (2 tons)

Un accord est dit de **quinte diminuée,** s'il se compose de deux tierces mineures.

La note grave de l'accord ainsi disposé se place à la Basse, comme suit:

C'est sur cette note qu'est fondé l'accord.

**6.** La Basse demeurant immobile, les parties supérieures peuvent prendre diverses positions qui, au point de vue de l'accompagnement qui nous occupe, sont au nombre de trois.

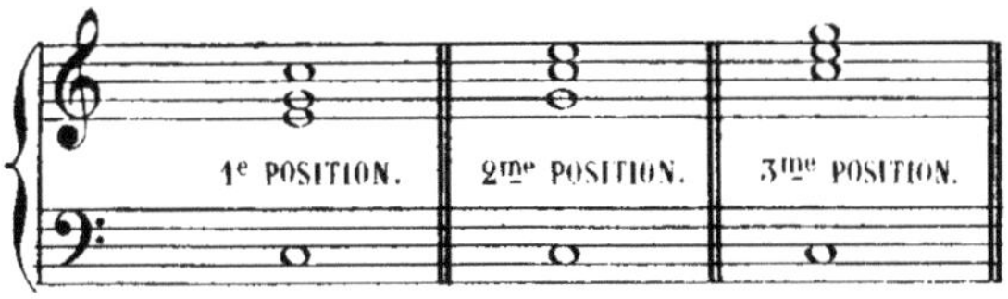

1e POSITION. 2me POSITION. 3me POSITION.

On remarquera que dans la première position la partie haute fait entendre la première note de l'accord (**do**); dans la deuxième position, la deuxième note (**Mi**) et dans la troisième, la troisième note (**Sol**). Mais il ne faut pas oublier que pour reconnaître un accord à la première et à la deuxième, il faut se le représenter à la troisième, c'est-à-dire en tierces superposées, et l'accord portera le nom de la note grave de cette superposition.

Exemple:

**7.** Ici se présente une modification essentielle des accords, dont il importe de se bien pénétrer. C'est le **renversement**. Le simple changement de position ne renverse pas l'accord, puisque sa basse, ou mieux, sa **base** est la même dans les trois positions que nous venons d'examiner.

Renverser un accord, c'est lui donner pour basse une note autre que sa fondamentale, c'est-à-dire, la deuxième ou la troisième note de l'accord. Le premier renversement d'un accord aura donc sa deuxième note à la basse; et le deuxieme renversement, la troisième note du même accord.

Exemple:

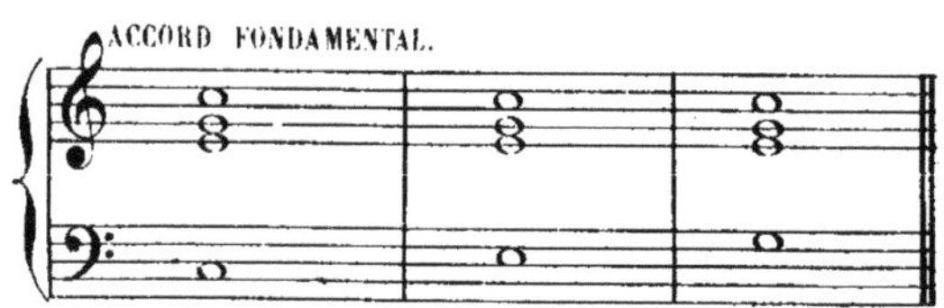


On voit qu'un accord de trois sons ( *Do*, *Mi*, *Sol* ) comporte deux renversements et n'en peut admettre que deux, puisque la première de ses notes (**do**) est la note fondamentale.

**8.** Dans une gamme majeure ou mineure, il y a trois degrés principaux. Le premier et le plus important est la **tonique**. Puis vient la **dominante**. En troisième lieu, la **sous-dominante**. Soit, dans la gamme d'UT Majeur: **Ut** tonique; **Sol**, dominante; **Fa**, sous-dominante. Soit encore dans la gamme **relative** d'ut majeur, c'est-à-dire **La mineur**: **La**, tonique; **Mi**, dominante; **Ré**. sous-dominante.

**9.** Édifions sur chacun de ces fondements un accord parfait; en d'autres termes superposons à chacun de ces degrés deux tierces, nous obtenons le tableau suivant:

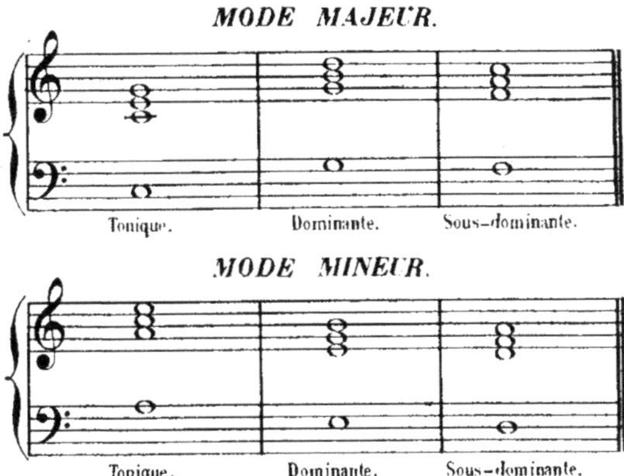


L'accord parfait de la **Tonique** servira donc à accompagner la *Tonique*, la *Médiante*, la *Dominante*, en tout trois notes.

L'accord parfait de la **Dominante** s'appliquera, dans l'ordre de la gamme, non à la note dominante elle-même, puisqu'elle vient d'être accompagnée par l'accord de la Tonique, mais aux deux autres notes qui entrent dans son accord, c'est-à-dire au 2e degré et au septième.

L'accord parfait de la **Sous-dominante** s'appliquera, dans l'ordre de la gamme, à la Sous-dominante et à la Sus-dominante (quatrième et sixième degré) non au premier degré, puisque ce premier degré ou tonique est déja accompagné par son accord propre.

Nous aurons donc:

MODE MAJEUR.

MODE MINEUR.

Chiffrons: (1) Accord de Tonique; (5) Accord de dominante; (4) Accord de sous-dominante, c'est à dire 1er 5me et 4me degrés, nous avons de la sorte pour basse fondamentale:

| | |
|---|---|
| **Tonique**, **médiante**, **dominante**<br>1 1 1 | c'est-à-dire l'accord de la tonique, ou 1er degré. |
| **Sus-tonique**, **Sensible**.(1)<br>5 5 | c'est-à-dire l'accord de la dominante ou 5me degré. |
| **Sous-dominante**. **Sus-dominante**.<br>4 4 | c'est-à-dire l'accord de la sous-dominante ou 4me degré. |

**10**. Formulons en règles le tableau précédent.

**I°** La tonique, la médiante, la dominante, s'accompagnent par l'accord de la tonique. (1)

**II°** La sus-tonique et la sensible (ou 7me) s'accompagnent par l'accord de la dominante. (5)

**III°** La sous-dominante et la sus-dominante s'accompagnent par l'accord de la sous-dominante. (4)

Et maintenant, réalisons, pour les deux modes:

*MODE MAJEUR.*

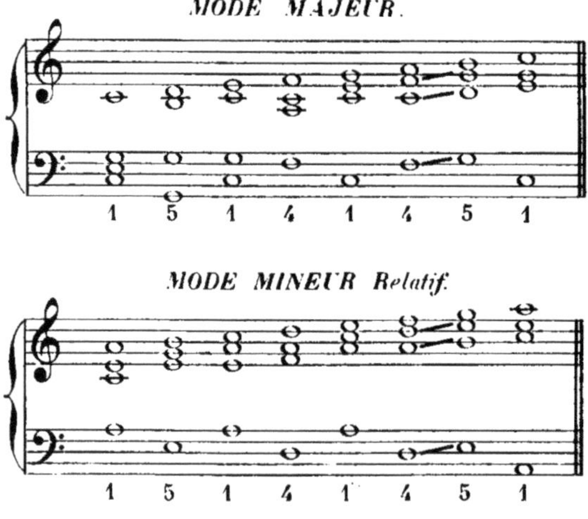


(1) 7me pour le mode mineur.

# ART: III.

## Quintes et Octaves.

**11**. Ici se place un chapitre d'une importance capitale, car, si tout ce que nous avons dit et dirons a pour but de former l'élève à un style élégant et pur, il s'agit présentement de lui faire connaitre, afin qu'il les évite, les fautes capitales dans lesquelles il ne doit jamais tomber.

Dans chacune des deux gammes ci-dessus, majeure et mineure, il y a 2 fautes qui rendent inadmissible le passage du 6$^{me}$ au 7$^{me}$ degré tel qu'il est écrit. Ces fautes sont appelées de **quintes** et d'**octaves**.

**12**. Dans la marche des parties qui forment un accompagnement on distingue trois sortes de mouvements: le mouvement contraire (1), le mouvement oblique (2) et le mouvement semblable (3).

Contraire, quand les parties vont en sens inverse; oblique, quand l'une s'immobilise; semblable, quand elles marchent dans le même sens.

Les deux premiers mouvements (contraire et oblique) fournissent les meilleures successions d'accords; mais il faut toujours se défier du mouvement semblable. Par ce mouvement, *deux quintes ou deux octaves consécutives sont défendues.*

**Exemple:**

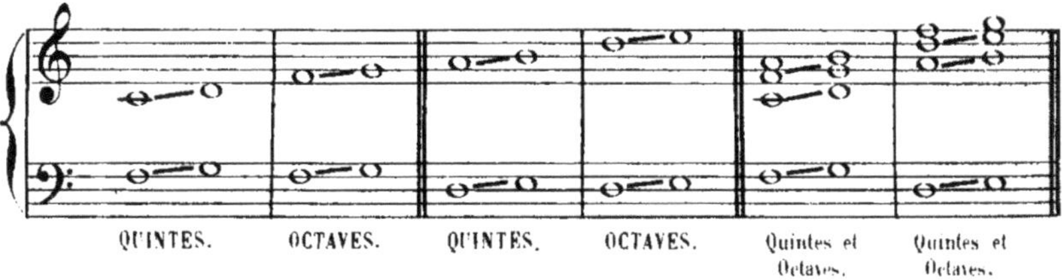


**13**. Telles sont, précisément, les deux fautes qui se trouvent dans chacune des 2 gammes précédentes. Frappez isolément ces deux quintes et ces deux octaves, vous constaterez de l'étrangeté dans le premier cas et de la pauvreté dans le second. Essayez ensuite les deux accords, vous sentirez qu'il y a incohérence dans leur succession. Montrons cette incohérence en prenant pour exemple la gamme d'Ut majeur.

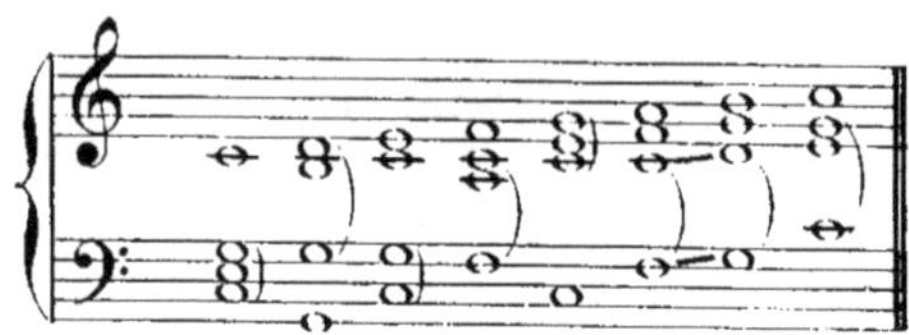

Extrayons les quintes formées pour l'enchaînement harmonique de la gamme, nous aurons:

et nous remarquerons que, sauf celles qui sont formées par la succession du sixième au septième degré, elles ont toutes une note commune (tantôt **sol**, tantôt **do**) qui donne de la cohésion à l'ensemble harmonique, tandis que, du sixième au septième degré, la succession est désagrégée par deux quintes, qui n'ont pas cette note commune; ce qui donne, au septième degré, la sensation d'un ton nouveau (ton de **sol majeur** dans l'exemple qui nous occupe.)

Dans le mode mineur c'est la même chose, pour la même raison Nous prions l'élève de faire le même tableau dans le mode mineur de **la**, par exemple, et il verra qu'au 7$^{me}$ degré (**sol**) il se trouvera transporté, sans transition, en **mi mineur**.

**14**. Il y a donc, à cet endroit de la gamme, une faute grammaticale. Et pourtant il ne faudrait pas conclure que la sensible (ou 7$^{me}$ degré) ne doive jamais s'accompagner par l'accord de la dominante. Cet accord, au contraire, est logiquement le sien, excepté le cas où le septième degré est précédé du sixième, lorsque celui-ci est accompagné par l'accord de la sous-dominante.

Puisque cette exception, voulue par l'ordre diatonique de la gamme, est justement la question que nous avons à résoudre, nous allons chercher au septième degré un autre accompagnement. Le chapitre suivant nous fournira la solution.

## ART: IV.

### Premier renversement des Accords ou Accord de sixte.

**15.** Nous avons vu que renverser un accord, c'est lui donner pour basse une note autre que sa fondamentale.

Dans le premier renversement, c'est la deuxième note de l'accord qui est à la basse. Dans l'accord de **do** (do, mi, sol) la basse sera **mi**, dans l'accord de **la** (la, do, mi) ce sera **do**.

On appelle cet accord **accord de sixte**, parce que, entre la basse et la tonique il y a une sixte.

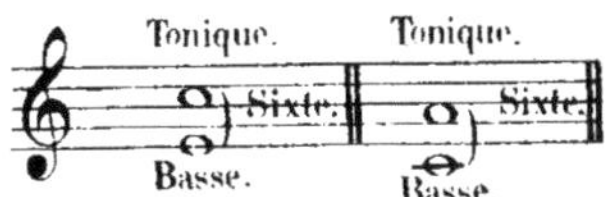


On ne doublera la note de basse qu'à la partie inférieure de la main droite, évitant en général de la doubler ailleurs.

**16.** La main droite peut ne frapper que deux notes **tonique** et **dominante**; mais cette **tonique** ou cette **dominante** s'y double très élégamment et avec une sonorité plus pleine. Voici les cinq dispositions de l'accord de sixte que l'élève apprendra par cœur et transposera dans d'autres tons, pour s'habituer au maniement de cet accord.

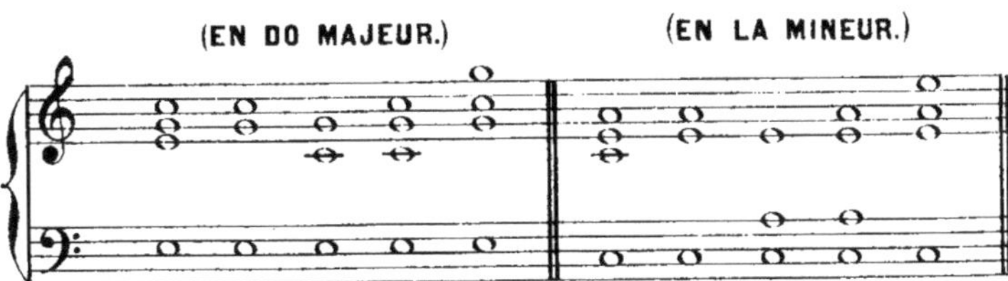

C'est ce dernier accord, c'est-à-dire le premier renversement de l'accord qui a pour tonique la septième note de la gamme (majeure et mineure) qui servira à l'accompagnement du septième degré de chacune de ces gammes.

Exemple:

MODE MAJEUR. MODE MINEUR.

| ACCORD DU $7^{me}$ Degré. | $7^{me}$ Degré mis à la Partie supérieure | $1^{er}$ Renversement de cet accord. | ACCORD DU $7^{me}$ Degré. | $7^{me}$ Degré mis à la Partie supérieure. | $1^{er}$ Renversement de cet accord. |
|---|---|---|---|---|---|

**17.** Rigoureusement, cet accord devrait se chiffrer seulement par 6 sur la basse, puisque c'est un accord de sixte, mais comme l'élève pourrait s'y embarrasser en réalisant la gamme dans d'autres tons, nous préférons user de convention, et indiquer de plus par (2), que c'est le deuxième degré de la gamme que l'on met à la basse. Nous aurons ainsi:

**18.** Pour la gamme descendante, il est clair que la faute occasionnée par le passage ascendant du $6^{me}$ au $7^{me}$ degré se reproduirait en sens inverse, du $7^{me}$ degré au $6^{me}$. En outre, l'accord qui vient d'être placé sous la sensible (**si**) a une tendance résolutive qui l'attire vers l'octave et ne lui permet pas d'être suivi de l'accord qui accompagne le $6^{me}$ degré, comme on peut s'en convaincre en vérifiant par l'exécution.

Il faut donc, dans la gamme descendante, accompagner la sensible (qu'on peut alors appeler $7^{me}$ comme dans le mode mineur) par un nouvel accord. Ce sera dans l'un ou l'autre mode, et pour qu'ils soient semblables, l'accord de la médiante, représentée par 3, chiffre qui signifiera que le troisième degré est à la basse.

MODE MAJEUR. MODE MINEUR.

3 3

**19.** On voit que la gamme mineure est formulée de la même manière que la gamme majeure. Ce qui la distingue de celle-ci, c'est que les accords parfaits qui l'harmonisent sont mineurs, tandis qu'ils sont majeurs dans l'autre.

Remarquons aussi, par curiosité, que l'accord de la médiante du mode majeur est mineur ( mi, sol, si ) et que l'accord de la médiante du mode mineur est majeur ( do, mi, sol )

**20.** Il ne nous reste plus qu'une dureté à éviter dans la gamme mineure descendante. L'oreille la découvre dans le passage du deuxième degré à la tonique ( si, la ).

Avec un sol ♯ la conclusion serait à souhait, Mais, comme nous n'avons voulu pratiquer la gamme qu'avec des accords qui puissent s'appliquer au plain-chant, et que le plain-chant ne comporte pas ce ♯, ainsi qu'il apparaîtra dans la suite, nous adoucirons ce passage par le premier renversement du même accord:

Le 7 signifie que la note de basse est le 7me degré, et le 6 au-dessus de cette basse indique un accord de sixte, c'est-à-dire, nous le répétons, la 2me note de l'accord à la basse.

Voilà, le plus clairement expliquée qu'il nous a été possible, la formation raisonnée de la gamme majeure et de la gamme mineure. Nous allons maintenant les transposer dans les tons où nous aurons à prendre les accords qui nous serviront à l'accompagnement des divers modes du plain-chant.

**21.** Il est donc indispensable de posséder imperturbablement le tableau suivant:

# GAMMES MAJEURES

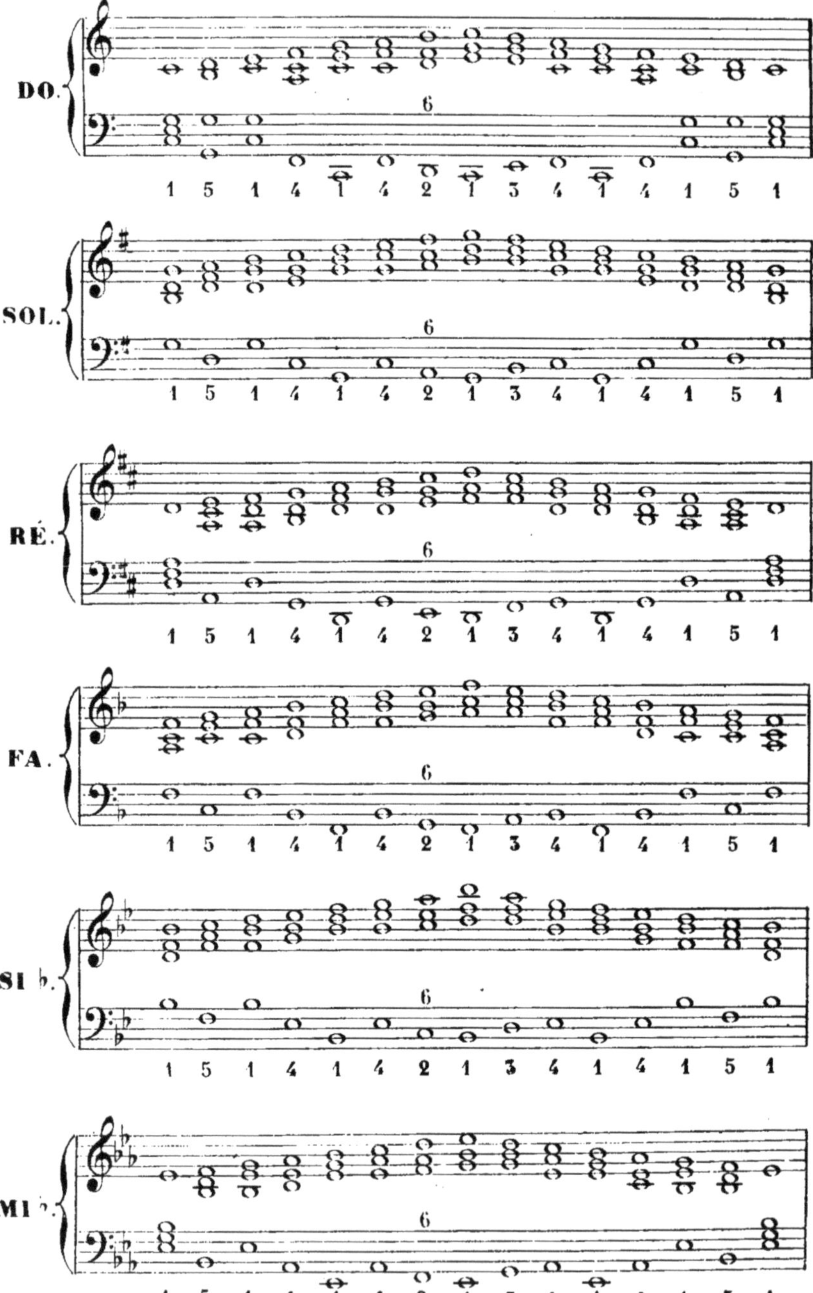

## GAMMES MINEURES RELATIVES.

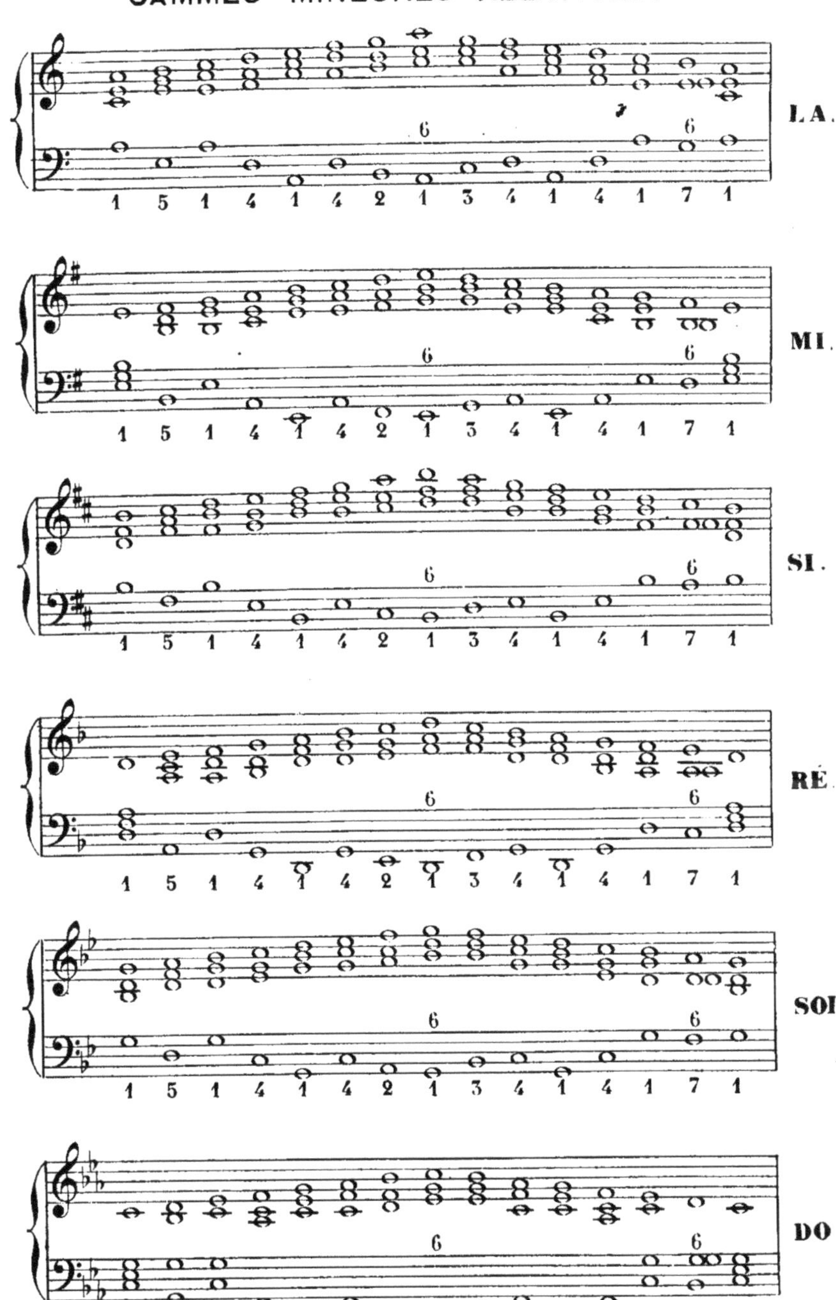

## ART: V.

### Observations et conseils.

**22.** Nous avons dit (§ 4) que le mode majeur a un mode mineur relatif qui se place une tierce mineure plus bas. Mais il est utile d'observer que si l'on transporte une octave plus haut la gamme mineure, pour plus de commodité (Voir dans le tableau les gammes mineures de **la** et de **si**), cette gamme mineure relative ainsi renversée se trouve placée à une sixte majeure au-dessus de la gamme majeure correspondante. Cela revient au même.

Remarquons en passant qu'un intervalle renversé, additionné avec l'intervalle qu'il renverse, forme toujours le nombre 9; qu'un intervalle mineur devient majeur, que s'il est diminué il devient augmenté, que la quarte juste devient quinte juste, et vice versâ. Nous recommandons à l'élève de réaliser les gammes des deux modes dans tous les tons: il ne sera rompu à cet exercice que lorsqu'il sera parvenu à le faire les yeux fermés. A cette fin, qu'il attaque de la main gauche une note de basse au hasard, et que sur cette basse il construise de la main droite un accord parfait majeur, puis un accord parfait mineur, à leurs diverses positions. Que cette même basse lui serve ensuite à établir l'accord de sixte (majeur, mineur et de quinte diminuée) sous les divers aspects que nous avons montrés plus haut. Exemple:

MI MAJEUR. MI MINEUR.

ACCORD DE SIXTE DE DO MAJEUR. ACCORD DE SIXTE DE DO ♯ MINEUR.

6 6 6 6 6 6 6 6 6 6

ACCORD DE SIXTE DU 7me DEGRÉ DE RÉ.

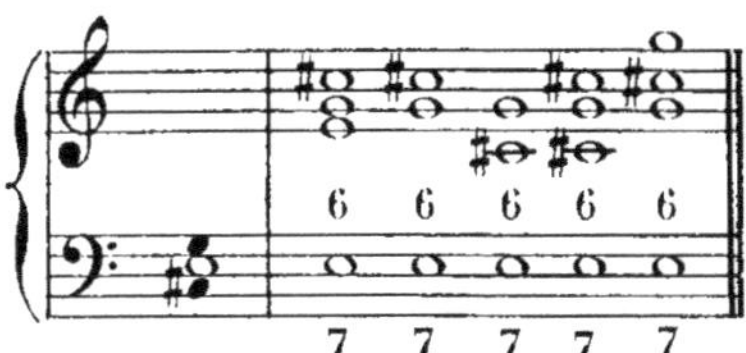


Ce dernier accord ayant une tendance attractive, à cause de l'intervalle de quinte diminuée (ou quarte augmentée, selon la position) qui s'y trouve, doit toujours être résolu sur l'accord parfait, soit à l'état fondamental, soit à l'état d'accord de sixte.

Les doubles notes qu'on voit ici et qui se trouvent aussi à l'avant-dernier degré de la gamme mineure descendante indiquent que deux parties se confondent momentanément. L'écriture est ainsi plus claire.

Par cette pratique persévérante et fréquemment renouvelée, au moins dans les premiers mois, on acquerra promptement la faculté de **penser des accords** et le clavier harmonique sera bientôt entré dans la mémoire pour n'en plus sortir, absolument comme un paysage au milieu duquel on a vécu pendant quelque temps.

## Mouvement de la Basse par l'emploi de l'Accord de Sixte.

**23.** La Basse peut procéder par mouvement ascendant ou descendant de seconde (majeure et mineure), tierce (majeure et mineure), quarte juste, quinte juste, sixte mineure et octave.

Sont prohibés les mouvements ascendants ou descendants de quarte augmentée, quinte diminuée, sixte majeure et septième majeure et mineure.

INTERVALLES PERMIS.

INTERVALLES PROHIBÉS

En outre, dans l'accompagnement du plain-chant, les intervalles permis doivent être d'ordre diatonique, c'est-à-dire pris dans l'ordre naturel de l'échelle du mode que l'on accompagne, sans aucun accident étranger à la constitution de ce mode, sauf celui que l'on rencontre dans le mode lui-même. On s'interdira pareillement ces accidents étrangers dans les autres parties de l'accompagnement.

**24.** Si l'harmonie appliquée au plain-chant ne se composait que d'accords parfaits à l'état fondamental, la monotonie serait inévitable et désespérante, à cause du retour ininterrompu des intervalles de quartes et de quintes à la Basse.

Exemple:

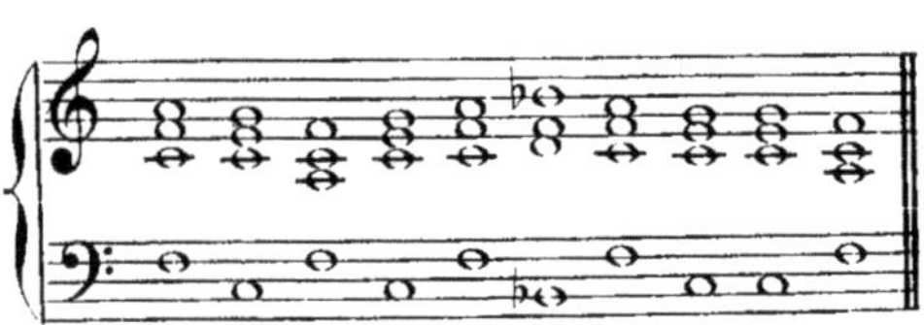

Cet exemple, irréprochable grammaticalement, devient par la répétition uniforme de la Basse, d'un mauvais goût évident et intolérable; et mieux vaudrait ne pas l'accompagner du tout, que de donner au plain-chant cette tournure ennuyeuse qu'il est loin d'avoir par lui-même.

Mais si nous interposons l'accord de sixte, tout change d'aspect, et la Basse devient aussi chantante que le chant qu'elle accompagne. Ex:

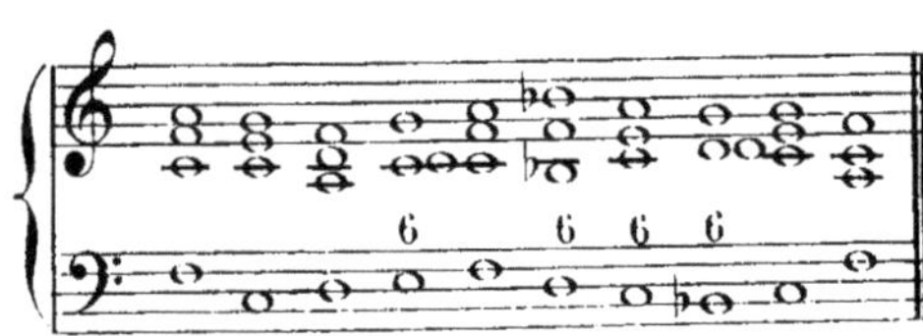


Les autres parties y gagnent aussi en intérêt et en élégance.

On voit de quelle importance est l'accord de sixte, et combien son étude est précieuse pour le charme et la variété de l'harmonie.

**25.** Mais il ne faudrait pas croire que la Basse, pour être bonne, doive toujours avoir du mouvement. Il y a des cas où elle devient intéressante par son immobilité.

Exemple :

C'est donc par le choix judicieux des formes de la Basse et par le souci d'éviter la redite, a trop petite distance, des mêmes intervalles, que l'on donnera à son style l'élégance dans la correction.

**26.** Terminons ce chapitre en attirant l'attention sur quelques points. La Basse ne doit jamais être note fondamentale d'un accord de quinte diminuée. Cet accord ne comporte, en plain-chant, que l'état de premier renversement.

Exemple :

Nous n'avons parlé du deuxième renversement des accords que pour en faire comprendre la formation. Loin de nous être utile, son emploi serait nuisible à la modalité du plain-chant, dont il changerait le sens en le modernisant.

Quant aux accords dissonants, ils sont l'essence même de la musique moderne, et par conséquent nous devons les ignorer ici.

**27.** En résumé, nos éléments d'harmonie seront :

**L'accord parfait majeur en ses trois positions.**

**L'accord parfait mineur en ses trois positions.**

**Le premier renversement des accords parfaits majeur et mineur ainsi que le premier renversement de l'accord de quinte diminuée, en leurs divers états.**

Il arrive quelquefois qu'on ne peut faire entendre que deux des trois sons dont se compose l'accord parfait. Dans ce cas le son à supprimer sera la quinte, et non la tierce; car c'est la tierce seule qui donne à l'accord parfait sa qualité de majeur ou de mineur. La même quinte (juste), commune aux deux, ne peut les distinguer. On ne se douterait pas de ce que renferme de richesse harmonique cette simplicité élémentaire. Pour s'en convaincre, il suffit d'additionner les diverses sonorités qu'elle met à notre disposition.

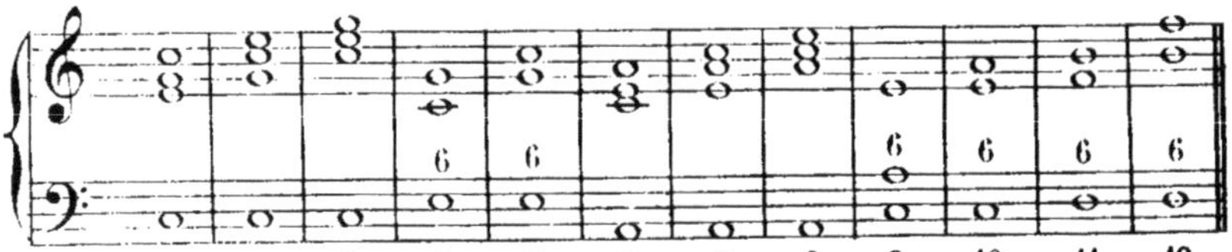

1. 2. 3. 4. 5. 6. 7. 8. 9. 10. 11. 12.

Elles sont au nombre de douze. Or l'échelle diatonique, divisée en sept degrés, a produit la musique ancienne, ou plain-chant; et la division de la même échelle en douze degrés chromatiques suffira indéfiniment aux conceptions musicales les plus compliquées.

Voilà l'outil mis aux mains de l'élève; il s'agit maintenant de lui apprendre à s'en servir.

# CHAPITRE II.

## ART: I.

### Constitution générale des Modes du Plain-Chant.

28 Donnons d'abord une notion claire de la différence qui existe entre le plain-chant et la musique.

En plain-chant: **8 modes.**

En musique: **2 modes.** (majeur et mineur)

Nous connaissons ces deux modes musicaux et savons qu'ils se distinguent par la place qu'y occupent dans chacun les deux demi-tons diatoniques.

Voici maintenant le tableau des modes du plain-chant, tel qu'il fut arrêté par le pape St Grégoire-le-Grand (591-604) et tel qu'il est parvenu jusqu'à nous.

Le point de départ est la note **ré**, pour le 1er mode: **mi**, pour le 3me; **fa**, pour le 5me; **sol**, pour le 7me; et dans ces quatre modes à **nombre impair**, l'octave se divise en une **quinte** et une **quarte**.

Renversons la quarte de chacun de ces modes en la transportant au-dessous de la quinte, nous aurons les quatre modes à nombre pair (2me, 4me, 6me et 8me), où l'octave est divisée alors en une **quarte** et une **quinte**.

**29**. On voit ainsi que le 2me mode est corrélatif du 1er; le 4me du 3me; le 6me du 5me; le 8me du 7me.

Les modes à nombre impair s'appellent **authentiques**.

Les modes à nombre pair s'appellent **plagaux**.

Chaque mode authentique a donc un ton plagal corrélatif. Ce qui les distingue, c'est que la division de leur échelle n'est pas la même; ce qui les unit, c'est que le mode plagal, bien qu'il descende une quarte au-dessous de son authentique, a pour finale la même note que celui-ci. **Ré** est la note finale du premier et du deuxième mode; **Mi**, du 3me et du 4me; **Fa**, du 5me et du 6me; **Sol**, du 7me et du 8me.

**30**. Outre cette note finale, chaque mode a, pour achever de le caractériser, une autre note essentielle qu'on appelle **Dominante**.

Dans les modes authentiques, elle se place à la quinte, ou 5me degré, au-dessus de la finale, excepté le cas où ce 5me degré tombe sur la note **si**. Tel le 3me mode (**mi-si**), dans lequel la Dominante se fixe alors sur le sixième degré (**mi-do**).

Dans les modes plagaux, elle se place une tierce au-dessous de la dominante du mode authentique correspondant, que cette tierce soit majeure ou mineure, excepté le cas où cette note serait le **si**. Tel le 8me mode, (**sol-si**), dans lequel la dominante se fixe alors sur le degré voisin ascendant Do (**sol-do**).

**31**. On sait que le **si**, dans le système ancien, est une note mobile, à cause de ses rapports avec le **fa** qui produisent une dureté:

C'est la **quarte augmentée** (3 tons entiers) autrement dite **triton**, que nos pères fuyaient comme le diable: (**si** contre **fa** *diabolus in musicâ*). C'est pourquoi, dans les passages analogues à celui qui précède, ils adoucissaient le **si** en le baissant d'un demi-ton par le bémol:

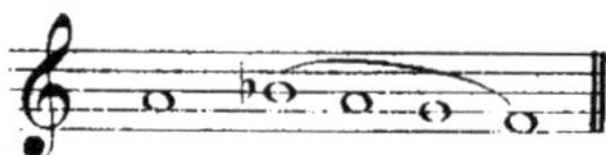

ce qui donne une quarte juste, intervalle naturel.

**32**. Remarquez, dans le tableau général ci-après, entre quels degrés se trouvent les deux demi-tons de chaque échelle, et comparez avec la gamme majeure et la gamme mineure. Le seul mode qui paraisse ressembler à la gamme majeure est le 6me, et le 2me à la gamme mineure. Mais cette ressemblance n'est que pour l'œil; car la finale du 6me mode n'est point (**do**), mais bien (**fa**); et (**ré**) est la finale du 2me, et non point (**la**). Les autres modes n'ont pas même cette apparence.

Un autre principe de différence réside dans la position de la dominante, toujours à la quinte ascendante de la tonique, dans la musique moderne; et, dans le plain-chant, tantôt à la tierce de la finale, tantôt à la quarte, à la quinte et même à la sixte.

## TABLEAU GÉNÉRAL

**33.** On voit que nous sommes en présence de deux langues des sons, l'une née de l'autre il est vrai, mais ayant chacune leur caractère distinctif, leurs traits spéciaux et leur idiome particulier.

De cette diversité de langage concluons que les gammes apprises précédemment ne pourront être utilisées intégralement pour l'accompagnement du plain-chant. Nous y puiserons des enchaînements d'accords, selon la physionomie de chaque mode.

## ART: II.

### Lecture du Plain-chant.

**34.** Si l'on exécutait à l'orgue les pièces de plain-chant au diapason où elles sont écrites, les voix seraient impuissantes à parcourir l'étendue de tous les modes, comme il est facile de le vérifier.

Il faut donc les ramener à une échelle moyenne qui en facilite la réalisation vocale, tout en leur conservant la nature et la suite de leurs intervalles. C'est ce qu'on appelle **transposer.**

Jusqu'à présent on avait résolu ce problème en amenant toutes les dominantes à une note fixe sur le clavier: **la**, par exemple, ou **sol.** De là les expressions: *Accompagner à la dominante* **la**, *à la dominante* **sol.**

Ce système, qui a ses avantages, a pour inconvénient de compliquer la lecture en donnant aux notes, suivant les modes, des noms différents.

**35.** C'est ce qui nous a déterminé à proposer l'usage d'une seule et même clef, c'est-à-dire **à donner toujours le même nom à une note placée sur la même ligne. Sol** deviendra de la sorte la dominante des 1^er^, 2^me^, 4^me^, 5^me^ et 6^me^ modes; **La**, du 7^me^; **Si** ♭, des 3^me^ et 8^me^: et l'étendue des voix, sauf de rares exceptions, sera la suivante:

Il est peu de voix qui ne puissent atteindre aisément ou même dépasser ces deux termes: à plus forte raison dans un choeur, où les timbres divers se prêtent un mutuel secours.

Nous appellerons invariablement **Ut** (ou **Do**) la note qui est placée sur la première ligne, et cela pour les 8 modes du plain-chant. Voici le nom et la place, toujours fixes, des notes sur la portée.

Dans les 1^er^, 3^me^, 4^me^, 6^me^ et 8^me^ modes, tous les **si** et tous les **mi** deviennent **si** ♭ et **mi** ♭.

Dans le 2^me^ mode, les notes **fa** et **ut** deviennent **fa** ♯ et **ut** ♯.

Enfin dans les 5^me^ et 7^me^ modes le **fa** devient **fa** ♯.

**36.** On sait que dans chacun des huit modes intervient souvent un bémol, soit à la clef, soit au courant du morceau. Il importe de remarquer et de retenir quelle note affectera ce bémol dans les divers modes du plain-chant.

Dans les 1er, 3me, 4me, 6me et 8me modes, ce bémol s'ajoute aux deux qui existent déjà et affecte le **la**, qui devient **la** ♭.

Dans le 2me mode, ce bémol survenant détruit l'Ut ♯ et le change en **ut naturel.**

Enfin, dans les 5me et 7me, le fa ♯ se change en **fa naturel**.

EXCEPTIONS. (1)

**37.** I. On rencontre assez fréquemment en tête d'un morceau du 2me Mode; par ex: au Graduel de la Messe des Morts, l'indication 2 *in A*. Alors l'**Ut** est toujours naturel; le **fa** seul reste affecté d'un ♯.

II. Pour le troisième mode, dans la Communion de la Messe *Sacerdotes tui*, d'un Confesseur pontife, on trouve 3 *in A*. Dans ce cas, les notes **si**, **mi**, **la**, sont bémolisées, et le ♭ supplémentaire qui paraît dans ce morceau s'applique au **re** qui devient **ré** ♭.

III. Dans le 4me Mode, exemple: aux *Gloria*, *Sanctus*, *Agnus* de la Messe pour le Temps Pascal, on trouve la mention 4 *in B*. On solfiera comme si c'était un 7me Mode, avec un Fa ♯ par conséquent, le **si** et le **mi** demeurant naturels.

IV. L'*Alleluia* de la Messe de l'Assomption et la Communion de la Messe de N. D. des Sept-Douleurs portent l'indication 5 *in C*. On les lira comme un 6me Mode.

Remarquez que pour ces exceptions, comme pour tout le reste, UT est toujours sur la première ligne, invariablement.

Consultez le § **130**.

L'élève s'exercera dans chaque mode, d'abord avec la main droite seule, en prenant l'UT première ligne au commencement de la troisième octave du clavier; puis avec la main gauche, une octave plus bas. Enfin il réunira les deux mains en augmentant graduellement de vitesse et en liant les sons. Quelques efforts consciencieux lui auront vite rendu familière la lecture de tous les modes.

(1) Édition H. VATAR. (Voir § 130.)

# DEUXIÈME PARTIE

## CHAPITRE PREMIER.

## Syntaxe des accords

### ART: I.

### Enchaînements.

**38.** Ce chapitre a pour but l'enchaînement correct des accords dans l'accompagnement du plain-chant.

Nous distinguerons 3 ordres d'enchaînements selon que les accords ont entre eux une note commune, ou bien deux, ou bien aucune.

**I. ENCHAÎNEMENTS DE 1er ORDRE.** — Ce sont ceux où deux accords qui se succèdent ont une note commune. La Basse, dans ce cas, procède (à l'état fondamental) par mouvement de quarte ou de quinte, ascendant ou descendant. Ex:

Ces successions fournissent une belle et pleine sonorité.

**II. ENCHAÎNEMENTS DE 2me ORDRE.** — Les accords de cette catégorie ont deux notes communes, et la Basse y procède par tierce descendante ou ascendante, ou par sixte, mais **mineure** seulement. Ex:

Leur résonance est plus faible, surtout lorsque le second accord est mineur; et le mouvement de la Basse par tierce inférieure ou sixte mineure supérieure est préférable au mouvement de tierce supérieure ou de sixte mineure inférieure.

**III. ENCHAÎNEMENTS DE 3me ORDRE.** — Ils ont lieu quand aucune note n'est commune aux accords qui se suivent. La Basse alors monte ou descend de **seconde**.

Exemple:

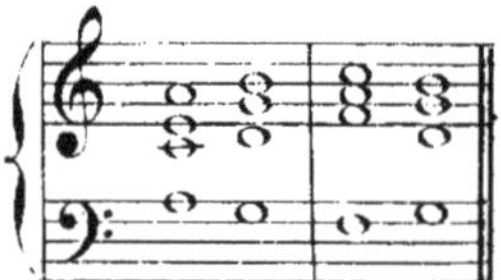

Ces enchaînements n'ont rien de répréhensible; mais l'absence de note commune expose davantage à tomber dans des fautes. Il faut donc les surveiller de plus près.

N'oublions pas que, pour reconnaître l'ordre de ces enchaînements, on doit toujours supposer la Basse fondamentale, et que l'accord de sixte n'en change pas la nature. Ainsi, dans l'exemple suivant, la Basse descend de seconde mineure (I); mais la succession est de premier ordre, car la vraie Basse fondamentale du 2me accord est à la quarte inférieure de la Basse du premier accord (II)

## ART: II.

### Quintes et Octaves défendues.

**39**. Nous en avons dit incidemment quelque chose, à l'occasion de la formation du 7me degré de la gamme harmonique (§ 12). Mais c'est ici qu'il convient de traiter à fond la question; et nous ne saurions trop exhorter l'élève à se pénétrer si complètement des règles qui vont suivre, que ses doigts éprouvent du malaise à les violer.

Or sait que dans l'accompagnement une partie se meut, par rapport à une autre partie, de trois manières: par mouvement oblique, par mouvement contraire et par mouvement semblable. Il est inutile de revenir sur l'explication de ces trois mouvements. (§ **12**)

Le **mouvement oblique** est sans inconvénient au point de vue de la réalisation

**40**. **Mouvement contraire**. Ce mouvement est en général excellent; mais pour le pratiquer en toute sécurité il faut observer la règle suivante:

RÈGLE: Ne jamais faire **deux quintes** ni **deux octaves** consécutives, même par mouvement contraire.

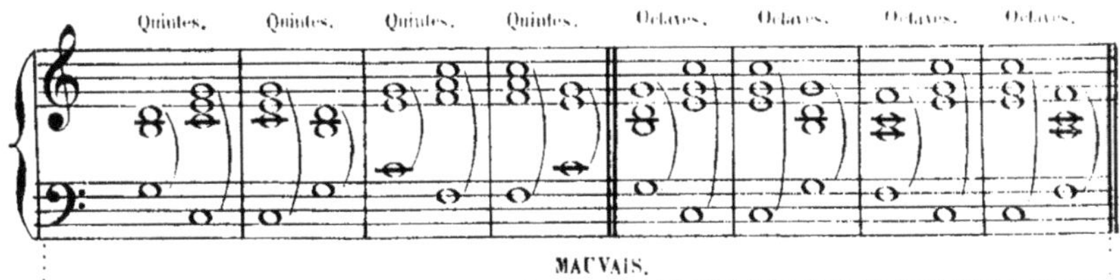


Il s'agit de deux quintes ou de deux octaves consécutives. Une quinte peut être suivie par mouvement contraire d'une octave, comme une octave peut précéder une quinte.

**Mouvement semblable.** Ce mouvement, souvent défectueux, exige des précautions particulières.

RÈGLE. — Ne jamais faire, par le mouvement semblable, **deux quintes** ni **deux octaves** consécutives, et cela entre quelques parties que ce soit.

Les fautes de ce genre sont les pires que l'on puisse commettre. Remarquez que lorsque toutes les parties d'un accompagnement, se déplaçant par mouvement semblable, font entendre deux accords parfaits, il se produit inévitablement deux quintes directes, puisque l'intervalle de quinte est un élément de l'accord parfait (majeur ou mineur); le plus souvent aussi deux octaves, comme on le voit dans les exemples précédents.

Remarquez qu'il s'agit encore ici de **deux quintes** ou de **deux octaves** consécutives et que ces fautes sont facilement évitables. Mais le **mouvement semblable** aboutit fréquemment à **une seule quinte** ou à **une seule octave**, qui prennent alors le nom de **quinte directe** ou d'**octave directe** et que l'oreille admet ou rejette suivant qu'elles sont amenées par des degrés conjoints (c'est-à-dire qui se touchent) ou disjoints, ou produites soit entre les parties extrêmes, soit entre une partie extrême et une partie intermédiaire, soit enfin entre deux parties intermédiaires. Entrons dans le détail.

## *QUINTE DIRECTE.*

**42.** I. Entre parties extrêmes, autrement dit entre la **Basse** et le **Chant**, la quinte directe n'est permise que si la partie supérieure procède par degrés conjoints pendant que la partie inférieure procède par degrés disjoints.

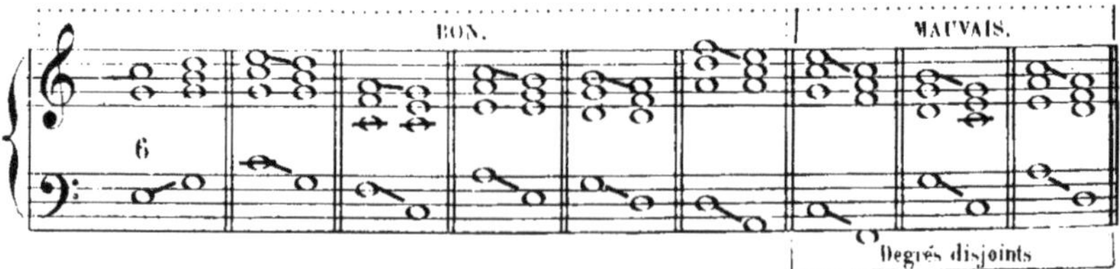

**43. II.** Entre une partie intermédiaire et une partie quelconque, la quinte directe est permise, si l'une des deux procède par degrés conjoints.

Ou mieux, si l'une des deux notes formant la quinte directe est commune aux deux accords qui s'enchaînent. Dans ce cas les deux parties pourront procéder même par degrés disjoints.

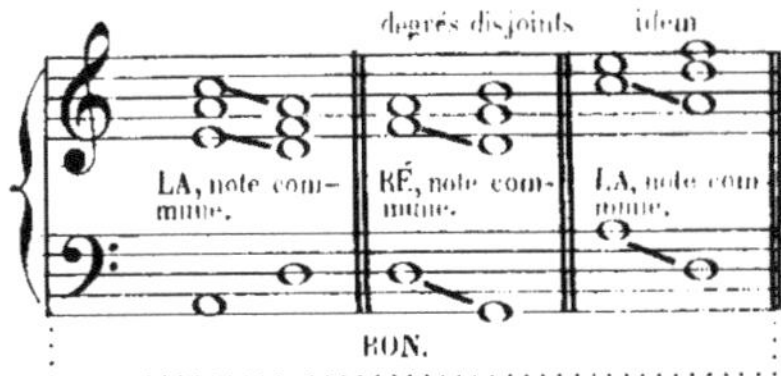


Mais le moyen par excellence d'éviter jusqu'à l'apparence de la dureté consiste à ne donner que trois parties au deuxième accord, comme suit:

## *OCTAVE DIRECTE.*

**44.** Entre parties extrêmes, autrement dit entre la Basse et le Chant, l'octave directe n'est permise que si la partie supérieure procède par degrés *conjoints* pendant que la partie inférieure procède par degrés *disjoints*.

**REMARQUE.** – Cependant, pour aboutir légitimement à une octave directe, entre parties extrêmes, par mouvement semblable *ascendant*, la partie extrême supérieure ne doit monter que d'un demi-ton.

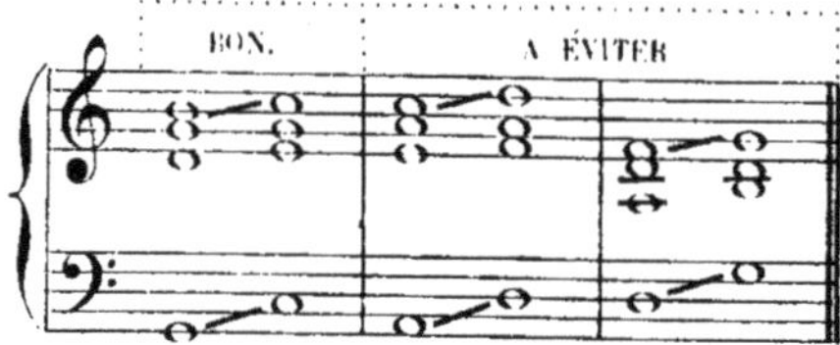


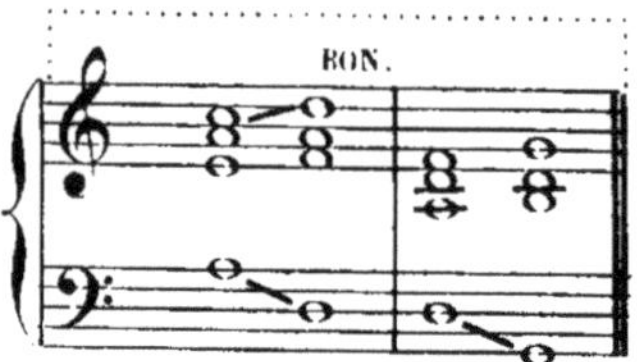


Ces deux derniers exemples, où la partie supérieure monte d'un *ton*, accusent trop l'octave directe, défaut qui sera évité par le mouvement contraire.

**45.** *Entre une partie intermédiaire et une partie quelconque*, l'octave directe est permise, si l'une des deux procède par degrés *conjoints, ton ou demi-ton*.

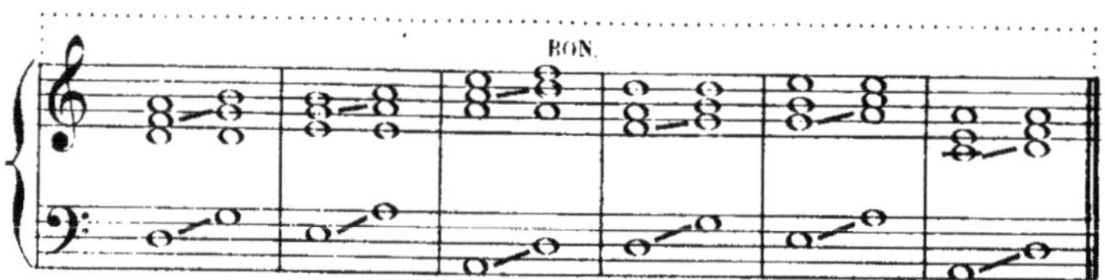


REMARQUE.— Observez que dans tous les exemples fautifs signalés plus haut il y a succession de deux accords différents. Mais, *tant que dure un même accord*, on peut arriver, dans les divers changements qu'on fait subir aux parties, à la quinte ou à l'octave sans inconvénient.

## ART: III.

### Accord de Sixte.

**46.** L'élève aurait tort de s'effrayer des écueils que nous venons de lui signaler. Pour les faire éviter il était nécessaire de les faire connaître. Il nous reste à indiquer un moyen élégant et facile de tourner la plupart des difficultés et même de les résoudre. Ce moyen, c'est l'emploi de l'accord de **sixte**. L'accord de sixte possède une sonorité particulièrement douce et agréable, qu'il soit majeur ou mineur.

Il n'est presque pas d'enchaînements qui ne puissent se réaliser en mettant l'un des deux accords, ou tous les deux, à l'état de premier renversement. Ex:

MAUVAIS. BON. MAUVAIS. BON. MAUVAIS. BON. MAUVAIS. BON.

6 6 6 6

MAUVAIS. BON. MAUVAIS. BON. MAUVAIS. BON.

6 6 6

**47.** Jamais l'octave directe entre les parties extrêmes ne doit être amenée par un mouvement conjoint de la Basse. Ex :

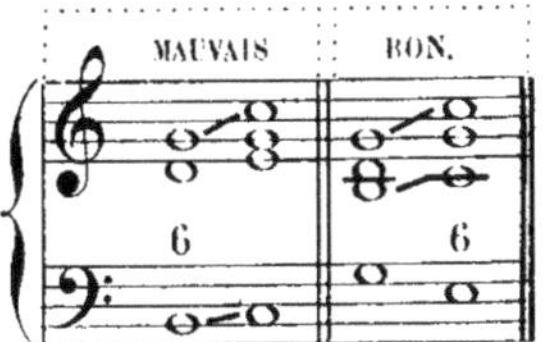


**48.** On vient de voir que l'octave directe (§ **45**) entre une partie intermédiaire et et une partie quelconque n'était permise que si l'une des deux parties procédait par mouvement conjoint. Pour la quinte directe, c'est la même chose. Mais l'accord de sixte a des douceurs si atténuantes, qu'avec lui on peut aboutir, sans dureté, à une quinte ou à une octave directes, même avec mouvements disjoints dans les deux parties qui aboutissent à cette quinte ou à cette octave, à la condition qu'une de ces parties soit **intermédiaire**.

TOLÉRÉ.

6 6 6 6 6 6 6 6 6

**49.** L'accord de sixte rend donc de grands services, mais il faut se garder d'en abuser. C'est un accord de transition, dont l'emploi doit se justifier par l'élégance à donner à la marche des parties. *En aucun cas on n'en fera plus de trois consécutifs.* Cette règle de goût a pour elle l'unanimité des bons auteurs.

## ART: IV.

### Premier renversement de l'accord de quinte diminuée.

**50.** Nous avons dit que cet accord avait une tendance attractive, à cause de l'intervalle de quinte diminuée (ou de quarte augmentée si l'on renverse un des deux termes) qu'il présente.

Dans la disposition de **4te** augmentée, le terme inférieur descend et le terme supérieur monte au degré naturel voisin.

4te augm. 5te dim.

Dans la disposition de **5te** diminuée, le terme qui monte est l'inférieur, et supérieur le terme qui descend.

On appelle **résolution** cette double tendance. Tel est le principe fondamental.

**51.** A deux parties, comme dans l'exemple précédent, les deux termes sont obligés de résoudre par eux-mêmes l'intervalle attractif qu'ils ont posé. Mais à trois, et à plus forte raison à quatre, la plénitude de l'harmonie permet, dans l'arrangement suivant, d'opérer la résolution du terme descendant par une autre partie. Ex:

BON.

Dans ces deux exemples le **fa** monte au **sol**, laissant à une autre partie le soin de faire entendre la note résolutive **mi**.

Si l'un des deux termes est doublé à l'octave, ces deux octaves ne pourront suivre le même mouvement de résolution, à cause de la suite d'octaves qui en serait la conséquence (Ex: **I**). L'une alors montera pendant que descendra l'autre, et l'effet produit sera satisfaisant. (Ex: **II.**)

**I.** MAUVAIS. **II.** BON.

**52.** Outre cette résolution des deux termes de la quinte diminuée (ou quarte augmentée) il en est d'autres, sanctionnées par le goût et vérifiées par le sens musical, qui consistent:

I°. à ne résoudre qu'un des deux termes, l'autre demeurant immobile: Ex:

BON.

6 6

II°. à retarder, par un ou plusieurs accords, la résolution finale de l'intervalle attractif, de telle sorte que cet intervalle disparaisse pour l'œil sans avoir eu le temps de s'évanouir pour l'oreille: Ex:

BON.

6 6 6

Ces accords intercalés concourent ainsi à donner au repos définitif un piquant intérêt.

III°. à employer l'accord de sixte comme solution du premier renversement de l'accord de quinte diminuée.

On a vu dans paragraphe (**48**) que l'accord de sixte rend acceptables la quinte et l'octave directes même lorsqu'elles sont amenées par le mouvement disjoint. Une particularité non moins remarquable de cet accord, c'est que, en succédant au premier renversement de l'accord de quinte diminuée, il peut ne résoudre effectivement aucun des deux termes de celui-ci. Ex:

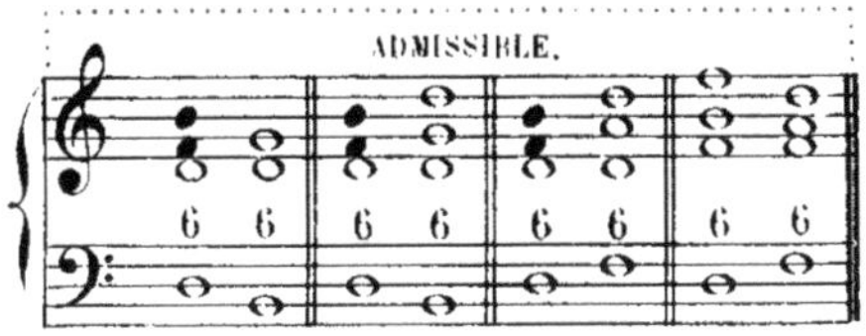

ADMISSIBLE.

6 6 6 6 6 6 6 6

Tout cela est harmonieux, grâce à l'accord de sixte dont la suavité est assez grande pour donner la liberté du mouvement à l'accord attractif tout entier.

**53.** *Un terme non résolu ne doit pas être doublé par la Basse d'un accord à l'état fondamental. Il peut l'être par la Basse d'un accord de sixte.*

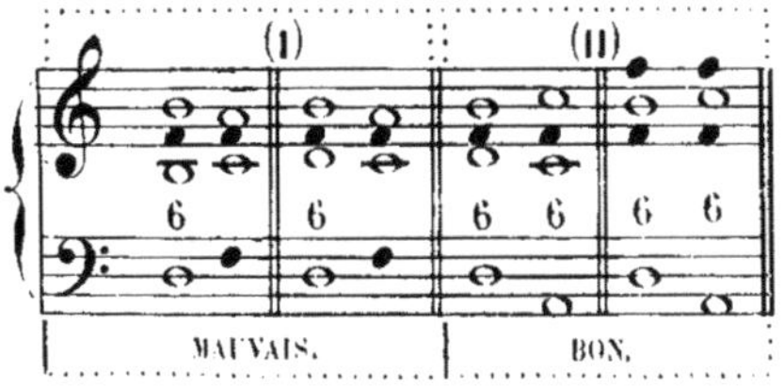

(I) (II)

6 6 6 6 6 6

MAUVAIS. BON.

L'exemple **I** est mauvais, parce que la Basse (*fondamentale* du 2$^{me}$ accord) en se portant sur le **Fa** (terme non résolu) lui donne une importance qu'il faut, au contraire, dissimuler.

L'exemple **II** est bon, parce que la Basse n'y renforce pas ce terme.

Ici la Basse se porte également sur le **Fa**, terme non résolu, mais sans accroître son importance, parce qu'elle n'est pas *fondamentale*. Comparez les deux résonnances.

OBSERVATIONS._ On voit que le 1$^{er}$ renversement de l'accord de quinte diminuée n'est autre chose qu'un accord de sixte à mouvement plus limité. Il sera l'objet d'une attention spéciale et l'on se souviendra que le bon effet en sera doublé par le sobre usage qu'on en devra faire.

## ART: V.

### Fausse relation de Triton.

**54.** La relation de Triton, évitée dans la mélodie comme nous l'avons expliqué, doit aussi l'être dans les parties d'accompagnement, puisque l'harmonie (on le comprend sans peine) est le produit de plusieurs mélodies entendues simultanément.

Il arrive ainsi que le texte mélodique peut fort bien n'avoir pas le ♭ supplémentaire et que l'accompagnement doive cependant en tenir compte pour corriger la fausse relation de quarte augmentée (ou quinte diminuée) soit dans le dessin d'une partie, soit entre les parties elles-mêmes.

Ce fait harmonique du **triton** a donné lieu à des règles compliquées d'exceptions qui peuvent se réduire, en ce qui nous concerne, à une seule.

**55.** *RÈGLE.*_ Lorsque la succession de deux accords amène une relation de Triton entre les deux parties extrêmes, cette relation est mauvaise toutes les fois que la Basse procède par mouvement descendant et la partie supérieure par mouvement ascendant.

Elle est bonne quand la Basse monte et que la partie supérieure descend.

L'enchaînement de ces accords fait vivement sentir la fausse relation entre les deux parties écrites en noires (Basse et Chant). L'oreille en est péniblement affectée; tandis que, dans l'exemple suivant, elle est satisfaite.

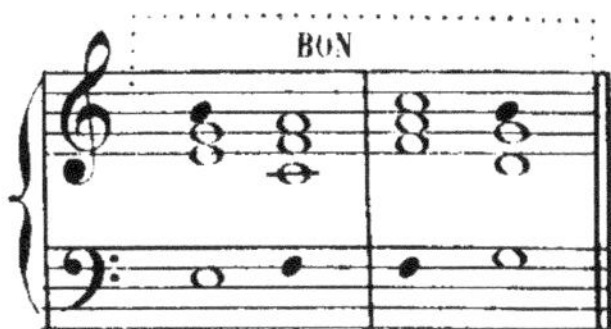


En dehors des parties extrêmes, le triton est généralement sans inconvénient.

**REMARQUE.** — L'intervalle de triton exclut l'idée de repos; c'est pourquoi les accords qui l'amènent sont délicats à manier.

Ces accords ne tiennent pas par eux-mêmes, à cause du triton qui en est le résultat. Ils n'auront de sens harmonique défini que par l'adjonction d'un ou de plusieurs accords, qui viendront reposer l'oreille par la sensation d'intervalles naturels.

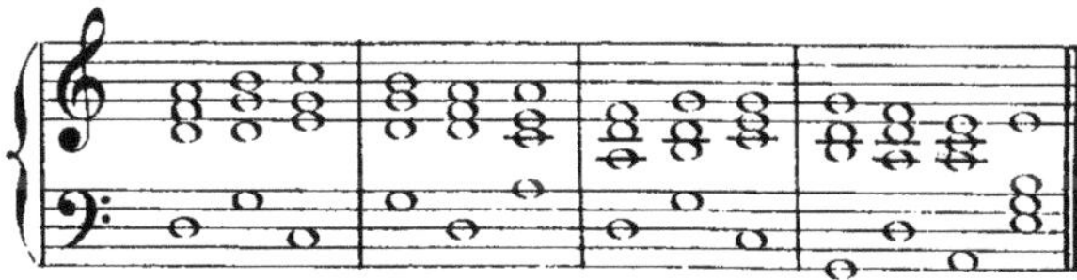

***OBSERVATION.*** — En réalité, nous sommes en présence de l'intervalle attractif, comme dans le premier renversement de l'accord de quinte diminuée; mais avec cette différence, qu'ici les deux termes de l'intervalle sont **successifs**, tandis que dans l'autre cas ils sont simultanés.

---

# CHAPITRE II.

## ÉTUDE PARTICULIÈRE DE CHAQUE MODE.

## ART: I.

### Modes avec bémols à la clef.

### 1er MODE.

**56.** Le 1er Mode, d'après les principes de lecture exposés, a pour tonique ou finale **Ut**, et **Sol** pour dominante. **Ut** et **Sol** sont les deux axes autour desquels se déroulera la mélodie. Il en sera de même pour les autres modes: leur tonique et dominante, à quelque intervalle qu'elles soient l'une de l'autre, sont caractéristiques et réclament par conséquent le fréquent usage des accords qui leur correspondent.

Pour le 1er Mode, les accords d'**Ut** et de **Sol** donneront et garderont à son accompagnement sa physionomie particulière.

Tous les **si** et tous les **mi** sont bémolisés; et quand il intervient un bémol, soit à la clef du morceau, soit au cours du texte, ce ♭ s'ajoute aux deux qui existent déjà et affecte le **la**, qui devient ainsi **la** ♭. Les accords d'**Ut** et de **Sol** sont d'**Ut mineur**, puisque le mi est ♭; et de **Sol mineur**, puisque le **si** est ♭. Pour plus de clarté, voici l'armature de la clef, qui servira pareillement aux 3me, 4me, 6me et 8me modes.

Tonique. | Dominante. | ACCORD d'Ut mineur. | ACCORD de Sol mineur.

s'il y a un ♭ à la clef dans le livre.

Le 1er mode est authentique, c'est-à-dire composé d'une quinte (Do-Sol) et d'une quarte (Sol-Do)

**57.** Il suffit de parcourir cette échelle naturelle du 1er mode pour constater qu'il ne ressemble pas à la gamme moderne d'**Ut mineur**: celle-ci possède 3 ♭ (si, mi, la), celui-là n'en compte que deux (si, mi.) Le ♭ du livre (La ♭) produira par sa présence cette similitude accidentelle; mais elle disparaît dans la pratique par le si ♮ et le la ♮, souvent nécessaires à la tonalité musicale d'**Ut mineur**, toujours défectueux pour l'accompagnement du 1er mode, qui ne connait dans sa mélodie que le **si** ♭ et ne se sert du la ♭ que pour éviter un triton.

Voici l'étendue vocale ordinaire du 1er mode.

## 6me MODE.

**58.** Le sixième mode a pour tonique **Mi** ♭, et pour dominante **Sol**. Nous l'exposons immédiatement après le 1er Mode, parce qu'ils ont entre eux de l'analogie et des points de contact. **Sol** est leur dominante commune; et l'**Ut**, finale du 1er Mode, est relatif de **Mi** ♭, finale du **6me**. Tous les **si** et tous les **mi** sont pareillement bémolisés; et s'il intervient un ♭, soit à la clef du morceau, soit au cours du texte, ce ♭ s'ajoute aux deux qui existent déjà et affecte le **la**, qui devient ainsi **la** ♭. L'accord de la note finale ( Mi ♭) est l'accord de **Mi** ♭ **majeur**, et de **Sol mineur** l'accord de la dominante.

Voici l'armature de la clef:

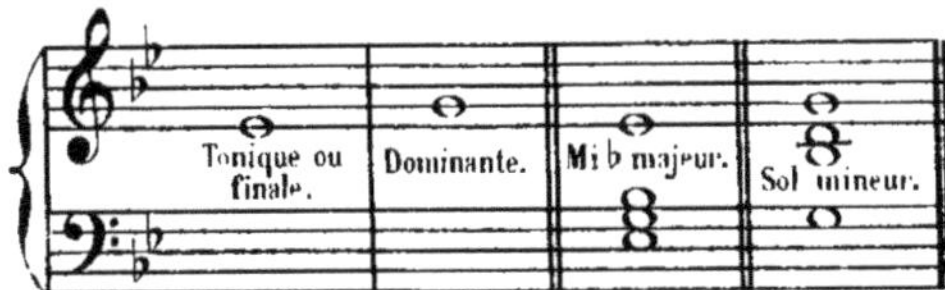

Ce mode est plagal, c'est-à-dire qu'il descend, dans son échelle, d'une quarte au-dessous de sa finale. ( *Voir le tableau des* 8 *Modes* § **32**).

Le voici dans sa constitution diatonique:

**59.** On voit qu'il ne ressemble que pour l'œil à la gamme moderne de Si ♭; et qu'il en diffère essentiellement, en ce que celle-ci a pour tonique ou finale **Si** ♭, et **Fa** pour dominante.

### GAMME MODERNE.

L'adjonction du **La** ♭ ne l'identifiera pas davantage avec la gamme de **Mi** ♭, dont la dominante est **Si** ♭, et non **Sol**, comme dans le sixième mode.

### Étendue vocale du 6$^{me}$ Mode.

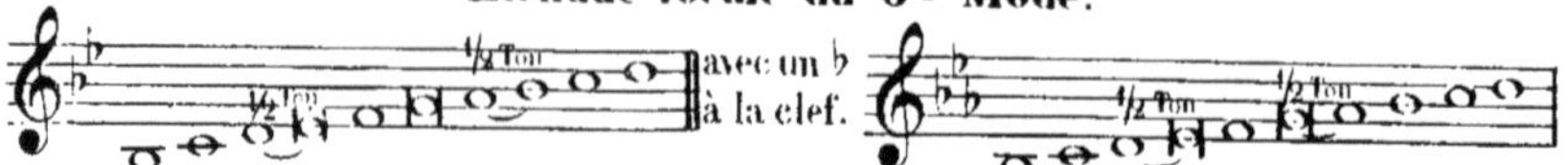


**60.** L'échelle harmonique est formée des mêmes éléments que celle du premier mode, puisque l'armature de la clef est la même. De plus, l'accord de **Sol mineur** étant celui de leur dominante commune, et l'accord d'**Ut mineur** (final du 1$^{er}$) étant relatif de l'accord de **Mi ♭ majeur** (final du 6$^{me}$), maints passages auront le même sens harmonique comme ils ont le même sens mélodique. Ce qui les différencie radicalement, c'est qu'il y a, dans le 1$^{er}$, un intervalle de quinte entre la tonique et la dominante (**Ut - Sol**) tandis que cet intervalle entre la tonique et la dominante du 6$^{me}$ est de **tierce** (**Mi ♭ - sol**) : c'est, surtout, que le 1$^{er}$ mode est **mineur** par sa finale (**Ut mineur**) et le 6$^{me}$ **majeur** par la sienne (Mi ♭ majeur.)

## 3$^{me}$ MODE.

**61.** Le troisième mode a pour tonique ou finale **Ré**, et pour dominante **Si ♭**. Il est authentique, c'est-à-dire que son échelle est divisée en une quinte (Ré-La) et une quarte (La-Ré). Comme dans le premier et dans le sixième, tous les **si** et tous les **mi** sont bémolisés : le bémol que l'on rencontrera dans le livre affectera pareillement le la (**la ♭**). C'est pourquoi le **la**, à cause de sa mobilité, ne peut être dominante du troisième mode, malgré qu'il soit à la quinte de la tonique (Ré-La) ; l'oreille en effet, ne saurait se reposer sur une note qui est en rapport de triton avec une autre note de la même échelle : TRITON. et c'est la raison pour laquelle le **si ♭** devient, par tendance, la dominante du troisième mode.

L'accord de la finale est **ré mineur**, et **si ♭ majeur** l'accord de la dominante.

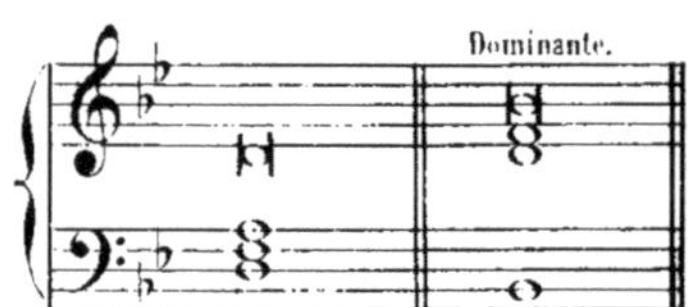


ÉCHELLE DIATONIQUE.

**62.** Il est clair que cette échelle, tant par sa dominante (à intervalle de sixte de la tonique) que par la position de ses deux demi-tons, ne ressemble ni de près ni de loin à aucune gamme de l'ordre musical, même dans le cas ou le **la**, bémolisé, déplace le $2^{me}$ demi-ton.

**Étendue vocale.**

Le $3^{me}$ Mode aura, comme les $1^{er}$ et $6^{me}$, des cadences (ou repos) en **Ut mineur**, en **Mi ♭ majeur**, en **Sol mineur**, etc; mais ce qui le caractérise, c'est le retour fréquent de passages qui aboutissent à sa dominante **Si ♭** et surtout à **Ré**, sa finale.

## $4^{me}$ MODE.

**63.** Le $4^{me}$ Mode a pour tonique ou finale **Ré**, et **Sol** pour dominante. Il est plagal du $3^{me}$, c'est-à-dire que, leur finale étant la même, le $4^{me}$ Mode descend d'une quarte au-dessous de cette note finale et se trouve ainsi composé d'une quarte ( La-Mi ♭) et d'une quinte ( Mi ♭ - La). Il a, comme les $1^{er}$, $3^{me}$ et $6^{me}$, deux bémols ( Si ♭, Mi ♭) à la clef, et le bémol rencontré dans le texte baissera le **la**, qui deviendra **la**♭.

Le **Sol** est sa note dominante, parce que, étant plagal du $3^{me}$, ( dont la dominante est Si ♭) sa dominante doit se fixer, selon les principes exposés dans la première partie (§ **30**), à la tierce inférieure de la dominante du mode authentique correspondant. L'accord de la finale est **ré mineur**, et **sol mineur** l'accord de la dominante.

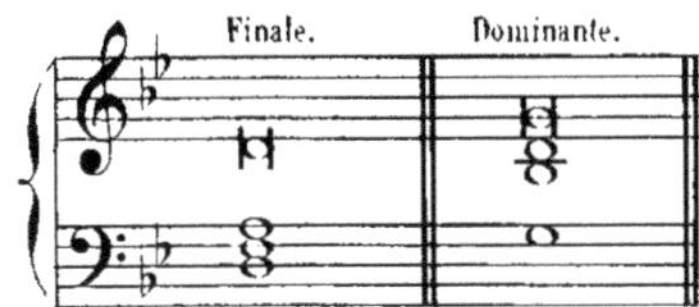


**ÉCHELLE DIATONIQUE**

**64.** Cette échelle est plutôt théorique que pratique. En effet, le **la** qui la commence et la termine est inapte à servir de point d'appui, à cause de sa mobilité déjà constatée et nécessitée par sa relation de triton avec le **Mi** ♭ de la même échelle TRITON.

Ce **la** théorique devient donc, par attraction, **si** ♭ dans la pratique; et l'étendue vocale ainsi rectifiée aura le même point de départ que dans les 3 modes précédemment décrits.

**65.** Le 4$^{me}$ Mode est aussi éloigné que le **3**$^{me}$ de la tonalité moderne, pour les mêmes raisons. Ces deux modes seraient facilement confondus par l'auditeur distrait, à cause de leur même cadence finale; mais le **4**$^{me}$ sera toujours reconnaissable aux traits suivants: (**I**) il se maintient ordinairement dans le médium de son échelle; (**II**) il se meut fréquemment dans la région grave de son registre, tandis que le **3**$^{me}$ se dessine plus volontiers dans l'aigu; (**III**) le **la** s'y trouve très souvent bémolisé; (**IV**) il se distingue surtout du **3**$^{me}$ par la répétition de la note **Sol**, sa dominante.

## 8$^{me}$ MODE.

**66.** Le 8$^{me}$ Mode a pour finale Fa, et Si ♭ pour dominante. Il est plagal, c'est-à-dire qu'il descend d'une quarte au-dessous de sa note finale et que son échelle est ainsi divisée en une quarte (Do-Fa) puis en une quinte (Fa-Do). Comme dans les quatre précédents, tous les **si** et tous les **mi** sont bémolisés, et le bémol survenant devient **la** ♭.

Sa dominante serait **la**, si le triton déjà expliqué ne forçait cette note à se modifier, quand il y a lieu par le ♭.

Le **si** ♭ devient donc, par l'attraction, la note nécessaire à la fixité de la dominante du **8**$^{me}$ mode.

L'accord de la finale est **fa majeur**, et **si** ♭ **majeur** l'accord de la dominante.

ÉCHELLE DIATONIQUE.

**67.** Ce mode n'a rien de commun avec la gamme moderne d'Ut majeur, puisque celle-ci n'a aucun accident à sa clef. Avec le **la** accidentellement bémolisé il ressemblerait davantage à la gamme d'ut mineur; mais ce n'est qu'une ressemblance factice, puisque le 8$^{me}$ mode a pour tonique **fa** et pour dominante **Si** ♭, au lieu d'**Ut** et de **Sol**, tonique et dominante de la gamme musicale d'Ut mineur.

**Étendue vocale.**

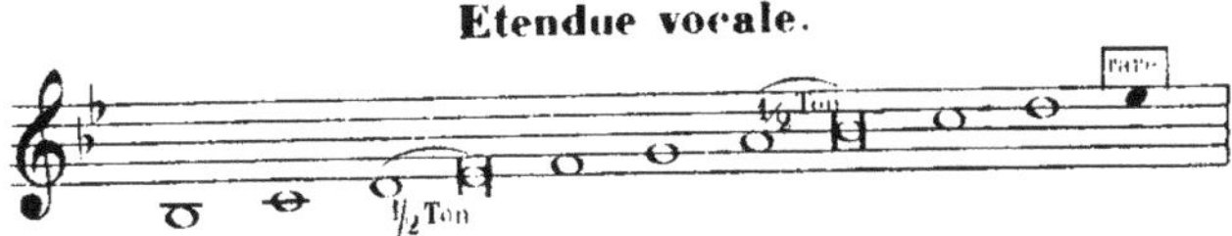


Par des repos intermédiaires en **Ut mineur**, en **Mi ♭ majeur**, en **Sol mineur**, en **Si ♭ majeur**, il confinera aux 1^er^, 6^me^, 3^me^ et 4^me^ modes; mais il sera caractérisé par sa cadence finale en **Fa majeur**, degré de son échelle où il viendra fréquemment se reposer.

## RÉSUMÉ.

**68.** Résumons en un un tableau synoptique les 5 Modes que nous venons d'analyser, en indiquant à la tête de chaque échelle ses deux points essentiels: la tonique ou finale et la dominante.

**69.** Ce tableau, éclairé par tout ce qui vient d'être expliqué en détail, nous convainct qu'aucun des modes suscrits n'ayant la formation musicale d'aucune des **deux** gammes du système moderne, le système harmonique moderne ne saurait s'appliquer, sans torture, à l'accompagnement du plain-chant. C'est pourquoi non seulement l'accord dissonant demeurera inconnu à celui-ci, mais encore tout accord consonnant où il entrerait une note étrangère à l'échelle modale; car il y aurait changement de **tonalité**, c'est-à-dire contradiction entre l'harmonie et la mélodie harmonisée. La mélodie aura sa variété en passant d'un mode dans un autre; mais elle conservera toujours son unité en n'effectuant ces passages qu'au moyen de ses degrés naturels; et le **la** ♭ loin d'être un signe de modulation dans les **5** modes qui nous occupent, n'y surviendra que pour éviter la relation dissonante du **triton**.
L'accompagnement ne fera pas autre chose: le **la** ♭ lui servira dans la marche de ses diverses parties comme il sert au chant dans la sienne; mais, comme lui il se renfermera dans les degrés naturels du mode, et l'unité harmonique sera aussi parfaite que l'unité mélodique. Un si ♮, par exemple, ou bien un **fa** ♯, détruiraient cette unité, en caractérisant, par ces deux sensibles hors venues, deux cadences essentiellement musicales.

INADMISSIBLE.

Pour aboutir à ces cadences ou à d'autres semblables, le plain-chant ne modifie aucun de ses degrés. Ex:

L'accompagnement peut donc et doit par conséquent ne modifier aucune de ses parties. Ex:

**70.** Il faut maintenant que l'élève exécute au clavier, puis repasse lentement de mémoire les gammes harmoniques de:

| | | |
|---|---|---|
| **Fa majeur** ——— **Ré mineur** | | |
| **Si♭ majeur** ——— **Sol mineur** | | |
| **Mi♭ majeur** ——— **Do mineur** | | |

afin qu'il reconnaisse aisément et se nomme à lui-même sans hésitation tous les accords du tableau qui va suivre. Il possédera du même coup toutes les ressources d'accompagnement des 1^er^, 3^me^, 4^me^, 6^me^ et 8^me^ modes.

---

## ART: II.

## TABLEAU COMPLET DES ACCORDS

### (tant à l'état fondamental qu'à celui de premier renversement) à employer pour l'accompagnement des 1^er^, 3^me^, 4^me^, 6^me^ et 8^me^ Modes.

DO MINEUR — FA MAJEUR. — FA MINEUR. — LA♭ MAJEUR.

Voilà une palette harmonique assez riche de ses propres couleurs pour n'avoir pas besoin d'emprunter des couleurs étrangères.

## ART: III.

### Application des règles de la Syntaxe aux 1er, 3me, 4me, 6me et 8me Modes.

**71.** Transportons dans la tonalité des 1er, 3me, 4me, 6me et 8me modes les exemples, bons et mauvais, que nous a fournis le chapitre de la *Grammaire des accords*.

Ces exemples, formulés en **Ut majeur** pour aider l'intelligence de l'élève, vont devenir par cette transposition pratique un guide sûr dans l'application des principes exposés.

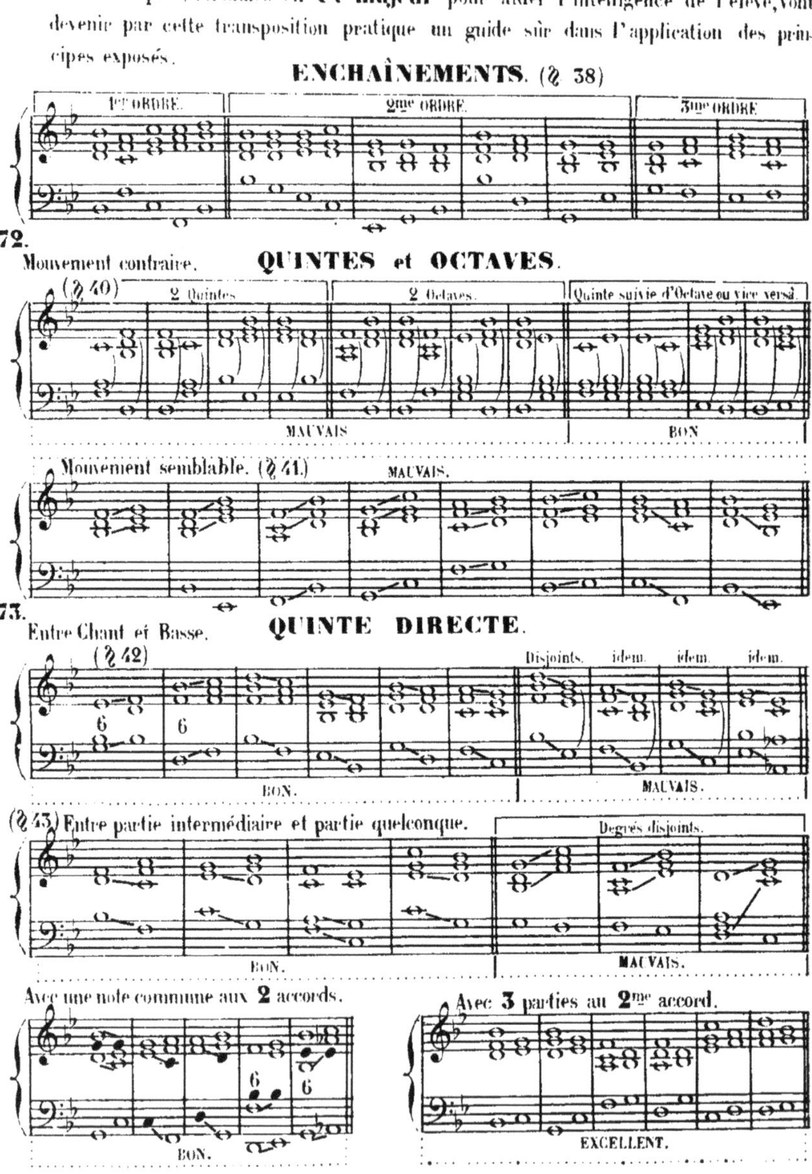

## 74. OCTAVE DIRECTE.

Entre parties extrêmes. § 44.

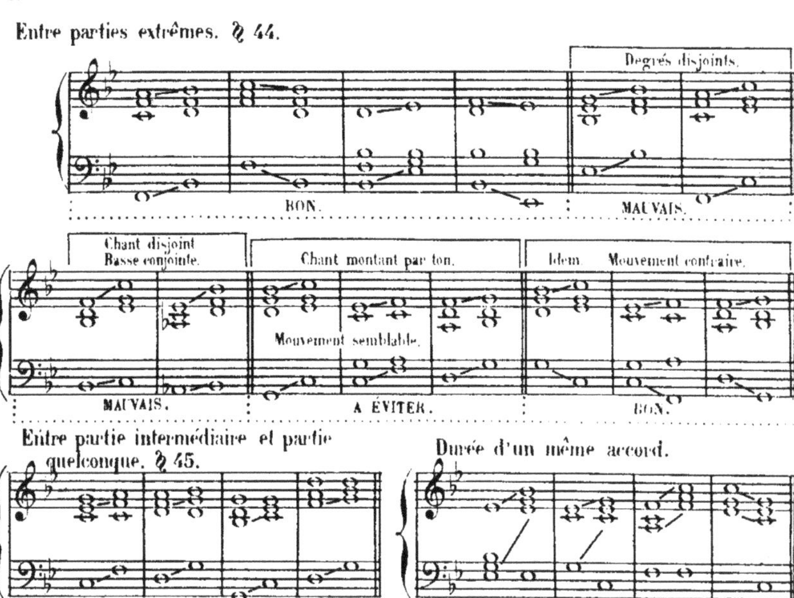


## 75. ACCORD de SIXTE.

Enchaînements mauvais rendus bons par l'accord de sixte. § 46.

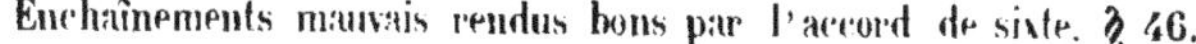

MAUVAIS. BON. MAUVAIS. BON.

Octaves directes par mouvement conjoint de Basse. § 47.

Octaves directes par partie intermédiaire.

MAUVAIS.

BON.

Quinte et octave directes, amenées même par mouvements disjoints, permises avec l'acc: de 6te.
(§ 48.)
TOLÉRÉ.
76. Premier renversement de l'accord de quinte diminuée.
Résolution normale.
BON.
Résolution du terme descendant opérée par une autre partie. (§ 51.)
BON.
SUITE D'OCTAVES
MAUVAIS.
BON.
Résolution d'un seul terme, immobilité de l'autre. (§ 52 I°.)
ADMISSIBLE.
Accords retardant la résolution définitive. (§ 52 II°.)
BON.

Liberté du mouvement donnée par l'accord de sixte à l'intervalle attractif.

**77.** **Fausse relation de Triton.**

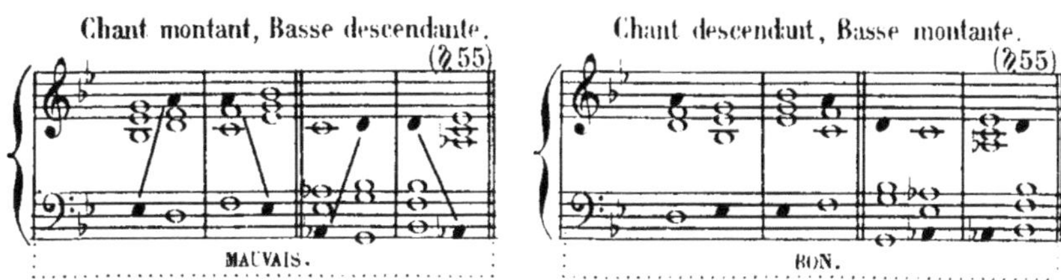


## ART. IV.

### Explications et exercices pratiques concernant les 1^er^, 3^me^, 4^me^, 6^me^ et 8^me^ Modes.

**78.** Nous arrivons au but de nos efforts. L'élève possède maintenant tous les éléments nécessaires à l'accompagnement des cinq modes avec bémols à la clef. Il peut, s'il s'est assimilé ce qui précède, prendre n'importe quel texte de plain-chant dans les 1^er^, 3^me^, 4^me^, 6^me^ et 8^me^ modes et les accompagner correctement d'abord, élégamment bientôt. Il ne reste plus qu'à lui mettre sous les yeux quelques explications et dans les doigts des exemples pratiques.

Commençons par donner les finales, dans leur ordre ascendant, avec leurs formules les plus usuelles.

**79.** L'accord d'**Ut mineur** et l'accord de **Mi ♭ mineur** ne se suivront jamais, à l'état fondamental, par mouvement semblable, à cause des 5tes et des 8ves consécutives qui en résultent. Ex:

MAUVAIS. BON

Mêmes fautes si l'on aboutit par mouvement semblable et disjoint, soit à l'octave, soit à la quinte § 41, 42.

MAUVAIS. BON Très BON

**80.** Ne pas oublier que 2 octaves consécutives sont défendues, même par le *mouvement contraire*.

(§ 40)

MAUVAIS. BON

Nous rappelons ces quelques règles de la Grammaire des accords; parce que l'occasion de les appliquer est fréquente.

**81.** L'accord consonnant est complet à **3** sons. Il ne faut donc pas craindre de réduire à ce nombre les parties en les rapprochant. On peut même, dans certains cas, ne faire entendre d'un accord parfait que sa première tierce, comme nous l'avons indiqué dans le tableau complet.

BON.

**82.** L'exemple suivant est élégant et à retenir.

**83.** Lorsque la mélodie monte, puis descend d'une tierce, comme (**ré, fa, ré**);(**mi, sol, mi**) on emploie heureusement l'accord de sixte. Ex:

**84.** On rencontre souvent ce passage:

Voici plusieurs manières de l'accompagner.

**85.** Remarquez, dans les exemples précédents, que les deux accords qui accompagnent les notes **do sol** ont au moins une note commune. Il faut viser à ce résultat dans le choix des accords, lorsque la mélodie fait un saut ascendant ou descendant de quarte ou de quinte. Cela donne plus de cohésion à l'harmonie et fait éviter bien des fautes. Ex:

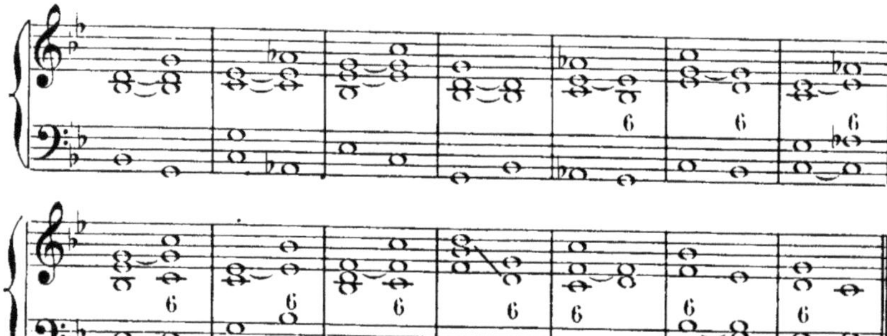

**86.** On aura soin de prévoir les passages du livre où le **la** ne monte pas au **si** ♭. Ils sont nombreux, surtout dans les 3$^{me}$ et 8$^{me}$ modes.

Exemple:

Si l'on emploie pour accompagner ce **la** l'accord de quinte diminuée: on se souviendra de la règle ainsi formulée: *Un terme non résolu ne doit pas être doublé par la Basse d'un accord à l'état fondamental.* (§ 53)

Exemple:

**87.** Un excellent moyen d'éviter la faute consiste à ne pas se servir de l'accord de quinte diminuée pour ce **la** qui ne monte pas au **si** ♭. On doit alors accompagner le **sol** qui précède par l'accord de **sol mineur** et non par celui de **mi ♭ majeur**. Ex:

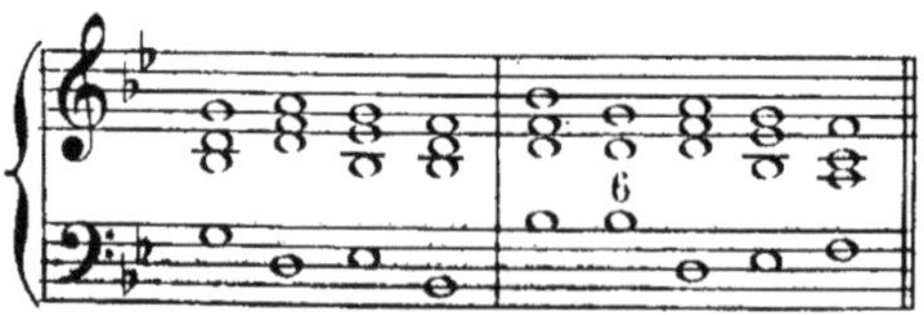

Voici quelques formules sur ce point délicat:

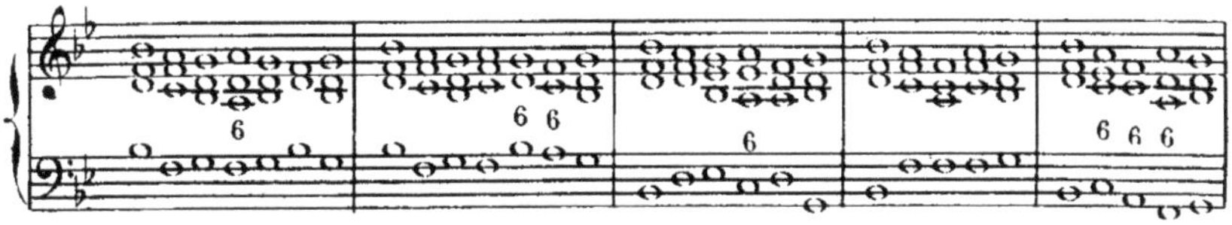

**88.** On évitera avec le plus grand soin de lever les doigts pour frapper à nouveau les notes communes à plusieurs accords. Ces notes doivent demeurer immobiles tant qu'elles ne changent pas de nom. Tout le jeu doit être lié. On y parviendra par la substitution des doigts; et on ne lèvera les mains qu'aux barres de repos.

**89.** Qu'on ne s'imagine pas que pour éviter la monotonie il faille changer d'accord à chaque note du chant. La monotonie s'engendre par le retour persistant des intervalles de **quarte et de quinte** à la Basse, comme dans les accordéons. Nous voulons dire qu'il y a de nombreux groupes de notes qui peuvent conserver la même Basse, sans que pour cela l'accompagnement soit monotone; et nous conseillons d'accompagner ainsi chaque fois qu'on le peut, afin de lier plus étroitement les groupes qui en sont susceptibles. Ex:

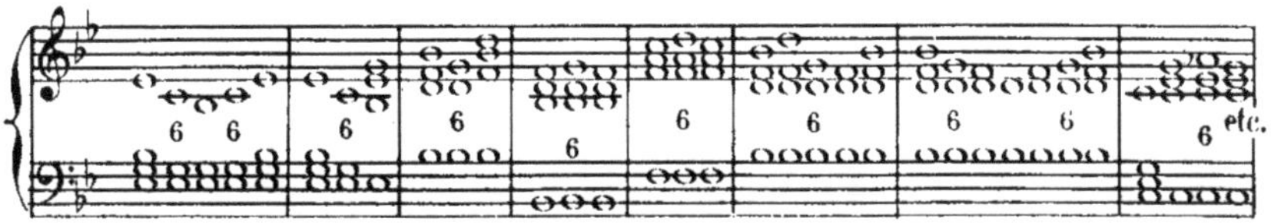

Nous suivrions ce conseil dans nos exemples, si nous n'avions pour but de montrer à l'élève l'inépuisable variété de la seule harmonie consonnante et de lui mettre dans l'esprit le plus grand nombre possible de successions d'accords, pour lui apprendre à se mouvoir librement au milieu des difficultés qu'il pourra rencontrer.

**90.** Donnons, en finissant ce chapitre, divers exercices. Nous indiquerons, quand il y aura lieu, le mode auquel se rapporte l'accompagnement. L'élève comprendra que deux mélodies semblables pour l'œil n'ont pas toujours le même sens et doivent s'accompagner différemment.

1er Mode.
3me 4me 8me
I
VI. III. IV. VIII. I. VI. III IV VIII.
III. IV. I.
VI. III. IV. VIII.
III. IV. III. IV. I.
VIII. I. VI. VI.
VI. IV.

**Exemples:**

Voici, comme spécimens, deux accompagnements des textes choisis; le premier plus monotone, le second plus élégant. Ils sont disposés l'un sur l'autre pour qu'on en puisse aisément faire la comparaison.

91.

## 1er MODE

(PANIS ANGELICUS)

92.

## 6me MODE

OFFERTOIRE DES ROGATIONS

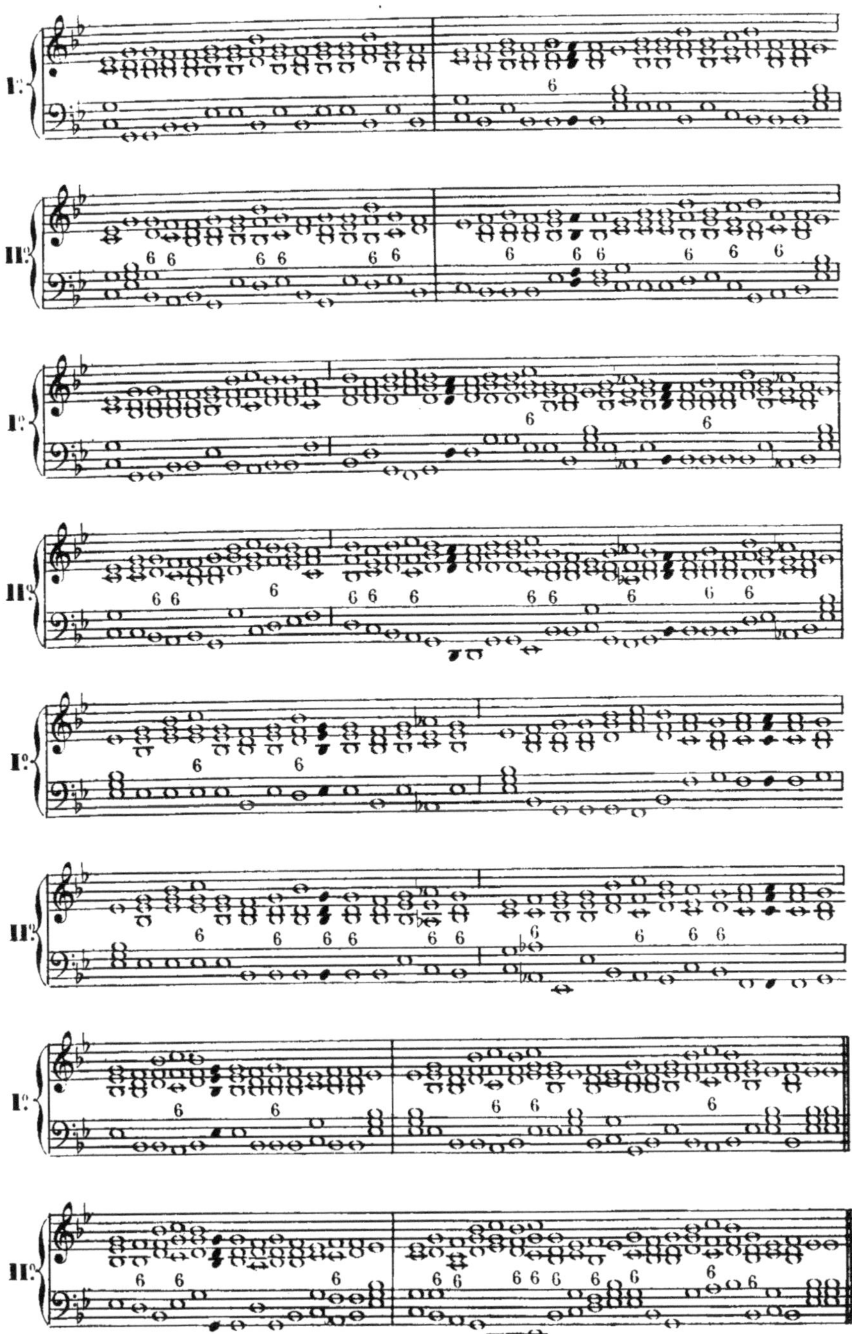

I°
II°
I°
II°
I°
II°
I°
II°

## *O SALUTARIS HOSTIA*

## 3me MODE.

93. *TANTUM ERGO.*

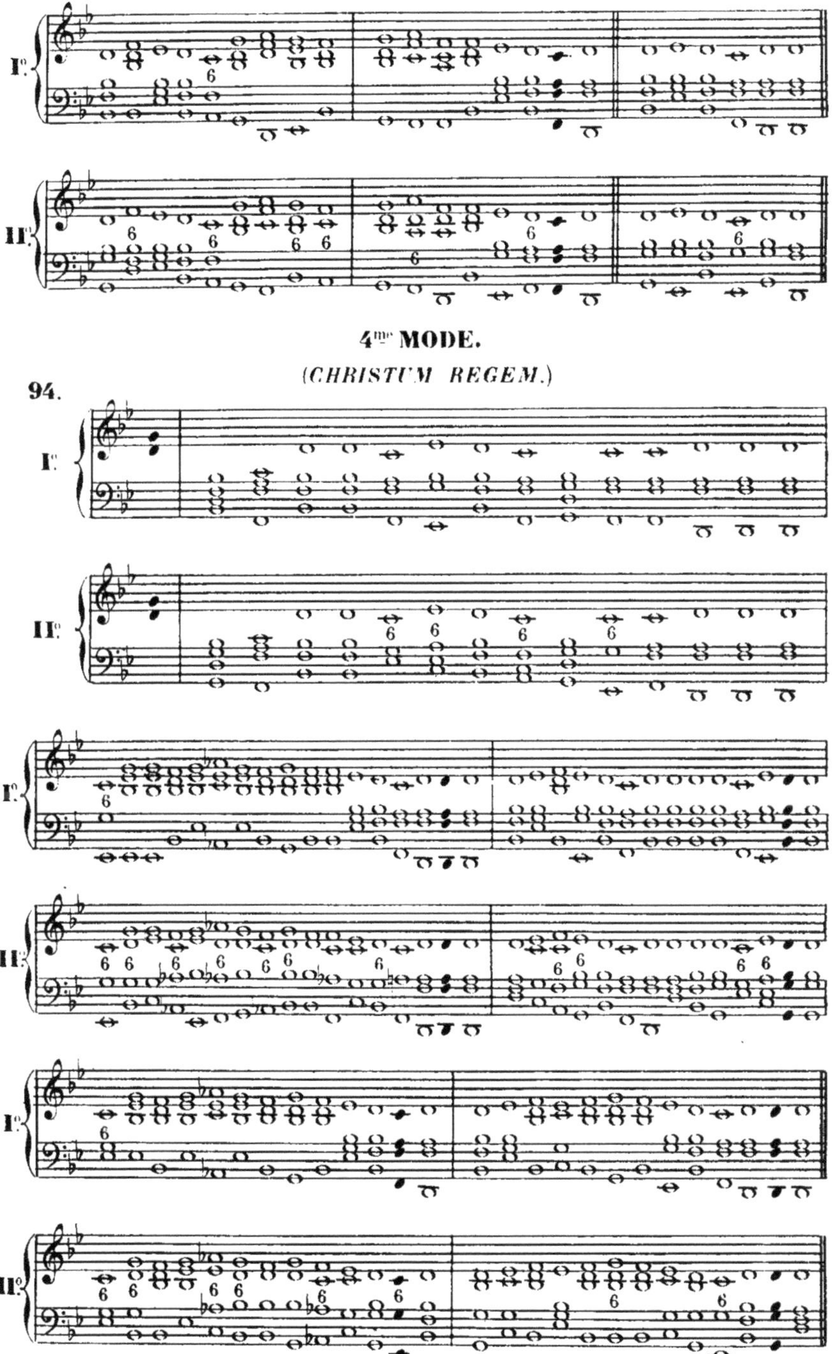
I°
II°
4me MODE.
(CHRISTUM REGEM.)
94.
I°
II°
I°
II°
I°
II°

(*SPECIOSA FACTA ES*) 5me Antienne des Vêpres de la Ste Vierge.

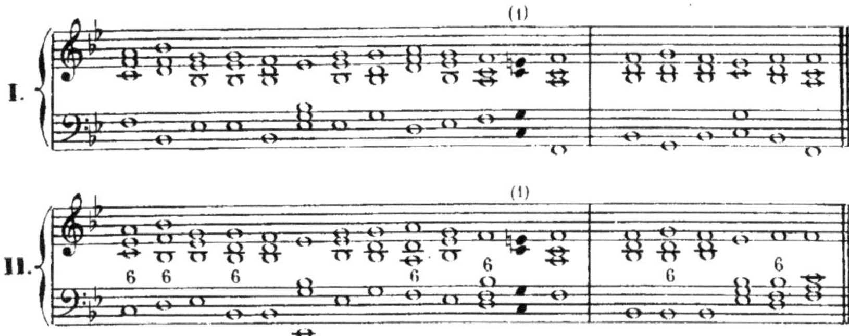


## CHAPITRE III.

### ART: I.

### Modes avec dièses à la clef.

#### 2me MODE.

**96.** Le 2me mode a pour tonique **Mi** et **Sol** pour dominante. Il est plagal, c'est-à-dire qu'il descend d'une quarte au-dessous de sa note finale, et que la division de son échelle commence par cette quarte (Si-Mi) et finit par une quinte (Mi-Si)

Tous les **Fa** et tous les **Do** y sont ♯, et la présence du ♭ dans le livre modifie, non plus le 1er ♯ (**fa**) mais (**do**) le deuxième venu, et le change en **Do**♮(ou naturel.) L'accord de la finale est **Mi mineur**, et **Sol majeur** l'accord de la Dominante.

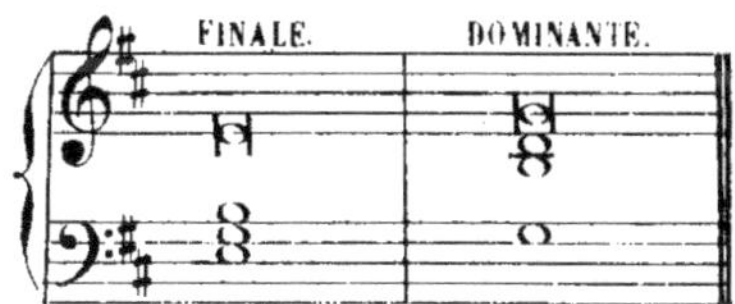


**ÉCHELLE DIATONIQUE**

**97.** La place qu'occupent les demi-tons dans cette échelle la rendrait semblable à la gamme de **si mineur**; mais les tonique et dominante de celle-ci (**si** et **fa**♯) lui donnent un sens musical que ne peut avoir un mode dont la finale (**mi**) est au milieu de son échelle, et dont la dominante (**sol**) n'est qu'à une tierce de la finale, et non pas à une quinte.

**Étendue vocale ordinaire.**

(1) Voir § 129 et 132.

**98.** On rencontre assez fréquemment la mention **2** *in A* au commencement d'un **2me** mode. Cela veut dire que, la tonique **mi** et la dominante **sol** demeurant invariables, le **2me** mode **in a** ne portera plus que le **fa** ♯ à la clef. Tous les **do** seront de la sorte naturels; et le ♭ du livre modifiera dès lors ce **fa** ♯ en **fa** ♮ ou naturel, comme pour les **5me** et **7me** modes.

## 5me MODE.

**99.** Le **5me** mode a pour tonique **do**, et **sol** pour dominante. Il est authentique, et par conséquent composé d'une quinte **do-sol** et d'une quarte **sol-do**.

D'après nos principes de lecture tous les **Fa** seront **Fa** ♯ tant qu'on ne rencontrera pas de ♭ à la clef du morceau de chant ou au cours du texte mélodique, auquel cas le ♯ sera détruit et modifié en **fa** ♮ (ou naturel).

L'accord de la tonique est **Do majeur**, et **Sol majeur** l'accord de la dominante.

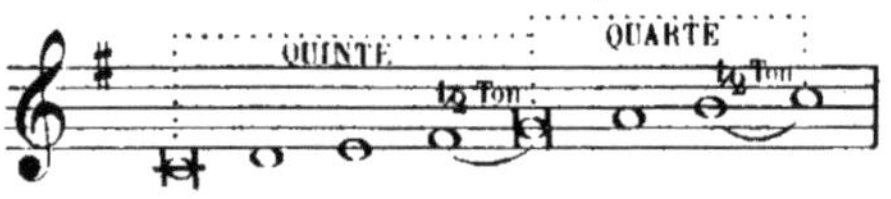

Le **fa** ♯, en reculant le **1er** demi-ton entre le 4me et le 5me degré, empêche le 5me mode de ressembler à la gamme musicale d'**Ut majeur**; mais le ♭ du livre, en effaçant le ♯, lui donne cette ressemblance accidentelle, confirmée par l'identité des Tonique et Dominante (UT SOL)

**Étendue vocale.**

## 7me MODE

**100.** Le 7me Mode a pour tonique ou finale **Ré**, et **La** pour dominante. Il est authentique, c'est-à-dire divisé en une quinte (**Ré-La**) et en une quarte (**La-Ré**)

Comme dans le 5me tous les **Fa** seront Fa ♯ et la rencontre d'un ♭ dans le livre (chose assez rare) changera ce **Fa** ♯ en **Fa** ♮ (ou naturel)

L'accord de la tonique est **Ré majeur**, puisque le **Fa** est ♯, et **La mineur** l'accord de la Dominante.

TONIQUE. DOMINANTE.

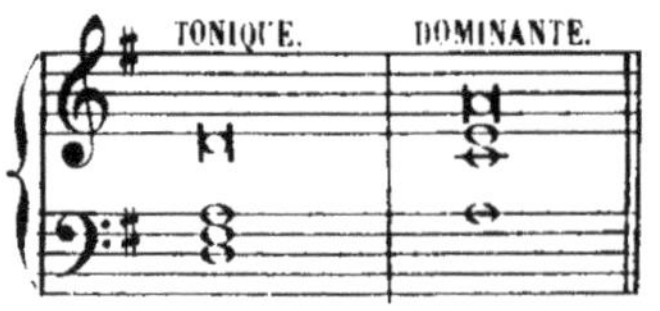

ÉCHELLE DIATONIQUE.

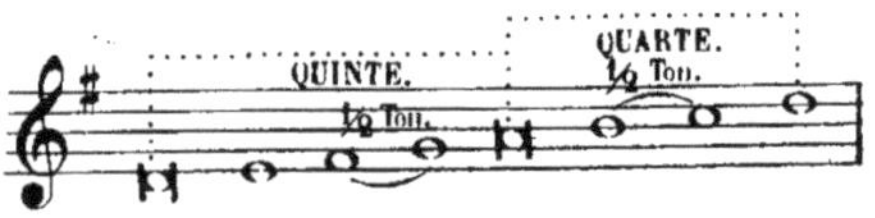

QUINTE. QUARTE. ½ Ton. ½ Ton.

Bien que ce mode ait les mêmes tonique et dominante que les gammes majeure et mineure de **ré**, il diffère de l'une et de l'autre: de **ré** majeur, parce qu'il n'a pas le **do** ♯; de **ré mineur**, parce que, lors même que le **fa** devient naturel par accident, il faudrait que le **si** fût ♭ à la clef.

**Étendue vocale.**

## RÉSUMÉ

**101**. Dressons le tableau synoptique de ce deuxième et dernier groupe de Modes, qui se distingue à première vue du premier groupe par l'emploi du ♯ à la clef.

Nous venons de voir que le **2me** Mode **in a** n'a qu'un seul ♯(**fa** ♯,) tandis que le **2me** Mode régulier en compte deux: **fa** ♯ et **do** ♯. Nous les séparerons donc; et l'ordre logique nous fera placer le **2me in a** immédiatement après le **5me** à cause de leur même dominante **sol**. Et nous aurons: (**I**) **3** modes avec un ♯, les **5e**, **2e in a** et **7e**. (**II**) un mode avec **2** ♯, le **2me** mode régulier.

**102**. Afin de conserver à ces modes leur tonalité, nous n'userons que d'accords conformes à l'armature de leurs clefs respectives. Pas plus que nous n'avons employé le ♯ dans les modes du premier groupe, nous n'emploierons le ♭ dans ceux-ci, puisque le ♭ du livre y devient **fa** ♮ pour les **5me**, **2me** in a et **7me**, et **do** ♮ pour le **2me**.

On pourra se servir, à l'exemple de la mélodie, de ce **fa** ♮ ou de ce **do** ♮, selon le mode, pour éviter des duretés dans la marche des parties de l'accompagnement; mais on bannira, par ex:, des successions hétérogènes comme les suivantes:

C'est de la musique; ce n'est pas du plain chant. On en sera convaincu en comparant les deux cadences.

Et nous avons en supprimant Ré ♯ et Sol ♯.

Pareillement, ce qui est bon pour le 2me mode peut être mauvais pour les 3 autres, et vice versà. Ex:

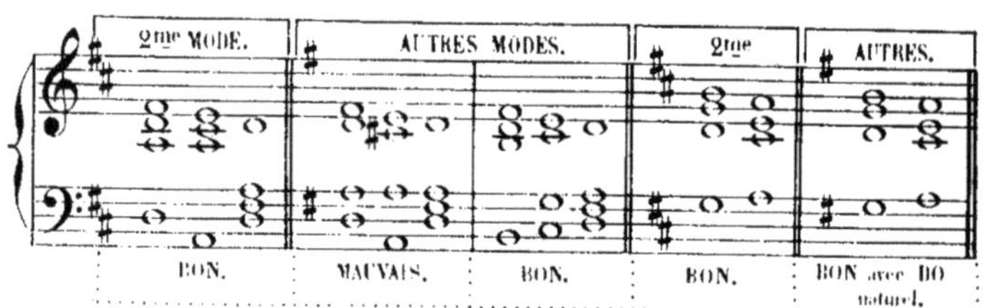


**103.** C'est le moment d'exécuter au clavier et d'acquérir ensuite, par une lente réflexion, la connaissance imperturbable des gammes harmoniques de:

**Do majeur** _ _ _ **La mineur.**
**Sol majeur** _ _ _ **Mi mineur.**
**Ré majeur** _ _ _ **Si mineur.**

Elles renferment les éléments nécessaires à l'accompagnement des 2me, 5me et 7me modes. Tous les accords dans lesquels entrera le **do♯** sont spéciaux au 2me mode: tous ceux dans lesquels le **do** est naturel ne le concernent que dans le cas ou un ♭ survient dans son texte, ou bien lorsque l'accompagnement doit éviter la relation de triton (**sol-do♯**) dans ses parties.

---

## ART: II.

## TABLEAU COMPLET DES ACCORDS

**(tant à l'état fondamental qu'à celui de premier renversement)**
**à employer pour l'accompagnement des 2me, 5me et 7me Modes.**

SOL Majeur.
SI Mineur.
RE Mineur.
MI Mineur.
LA Mineur.
DO Majeur.
LA Majeur.
FA Majeur.
2me MODE.
RÉ Mineur.
5te diminuée
1er Renv:
SI Mineur.
RÉ Majeur.
5te diminuée
1er Renv:
FA ♯ Mineur.
SOL Majeur.
DO Majeur.
2me MODE.
MI Mineur.
5te diminuée
1er Renv:
LA Mineur.
RÉ Majeur.
2me MODE.
RÉ Mineur.
FA Majeur
LA Majeur.
FA ♯ Mineur.
2me MODE.
SI Mineur.
MI Mineur.
SOL Majeur.
5te diminuée
1er Renv:

## ART: III.

### Application des règles de la Syntaxe aux 2me 5me et 7me Modes.

**104.** Transportons dans la tonalité des **2me, 5me** et **7me** modes, comme nous l'avons fait pour les autres, les exemples du chapitre de la *Grammaire des accords*. **Les exemples avec fa ♮** sont applicables aux **2me in a, 5me** et **7me**: ceux qui ont **2 ♯** s'appliquent exclusivement au **2me** mode régulier.

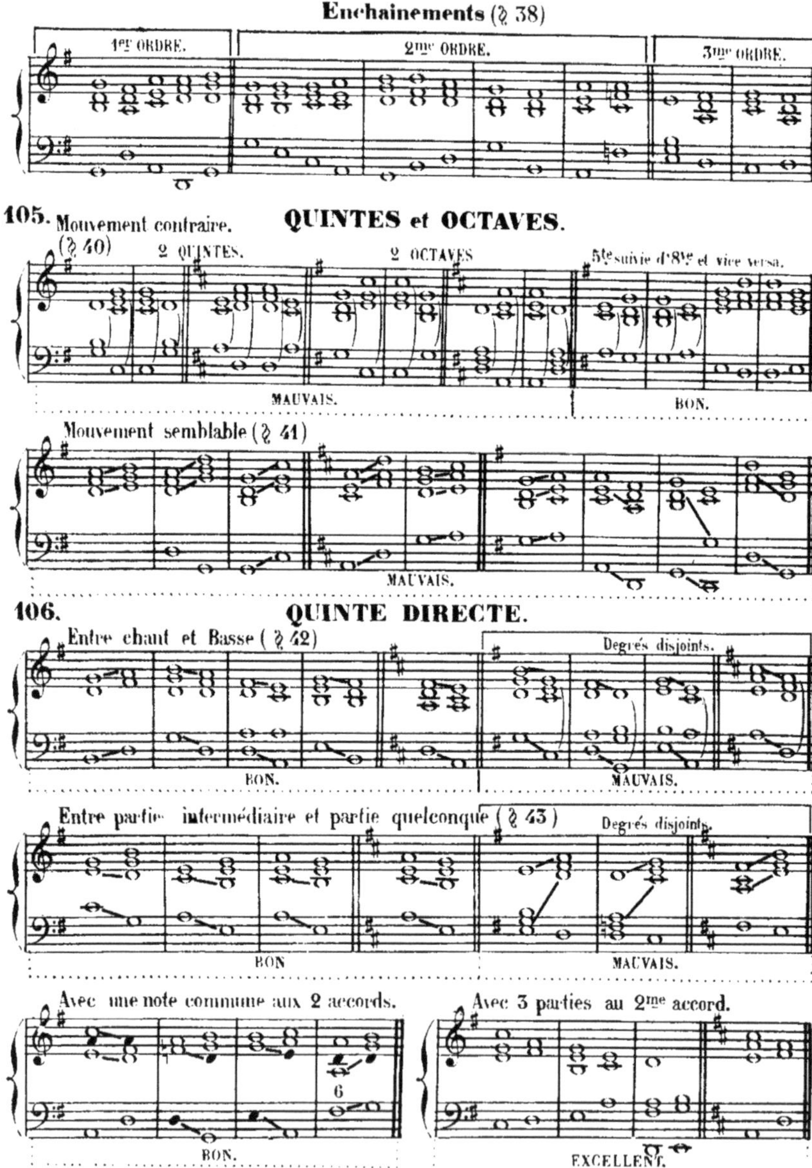

107.
OCTAVE DIRECTE.
Entre parties extrêmes. (§ 44.)
Degrés disjoints.
Chant disjoint, Basse conjointe.
BON.
MAUVAIS.
Chant montant par ton. Mouvement semblable.
Idem. Mouvement contraire.
A ÉVITER.
BON.
Entre partie intermédiaire et partie quelconque. (§ 45.)
BON
Durée d'un même accord.
BON
108.
ACCORD DE SIXTE.
Enchaînements mauvais rendus bons par l'accord de sixte. (§ 46.)
MAUVAIS. BON. MAUVAIS. BON. MAUVAIS. BON. MAUVAIS. BON. MAUVAIS. BON.
MAUVAIS. BON. MAUVAIS. BON. MAUVAIS. BON. MAUVAIS. BON. MAUVAIS. BON. MAUVAIS.
BON. MAUVAIS. BON. MAUVAIS. BON. MAUVAIS. BON. MAUVAIS. BON. MAUVAIS. BON.

8ves directes par mouvement conjoint de Basse. (§ 47.)
8ves directes par partie intermédiaire.
MAUVAIS.
BON.
QUINTE ET OCTAVE directes, amenées même par mouvements disjoints, permises avec l'accord de sixte (§ 48).
TOLÉRÉ.
109. Premier renversement de l'accord de quinte diminuée.
RÉSOLUTION NORMALE.
BON.
Résolution du terme descendant opérée par une autre partie. (§ 51)
BON.
SUITE D'OCTAVES.
MAUVAIS
BON
Résolution d'un seul terme, immobilité de l'autre. (§ 52 1°)
ADMISSIBLE
ADMISSIBLE

Accords retardant la résolution définitive. (§ 52 III°)

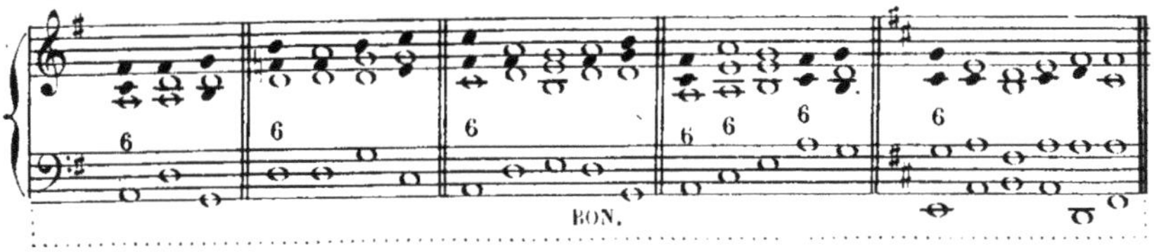
BON.

Liberté du mouvement donnée par l'accord de sixte à l'intervalle attractif. (§ 52 III°)

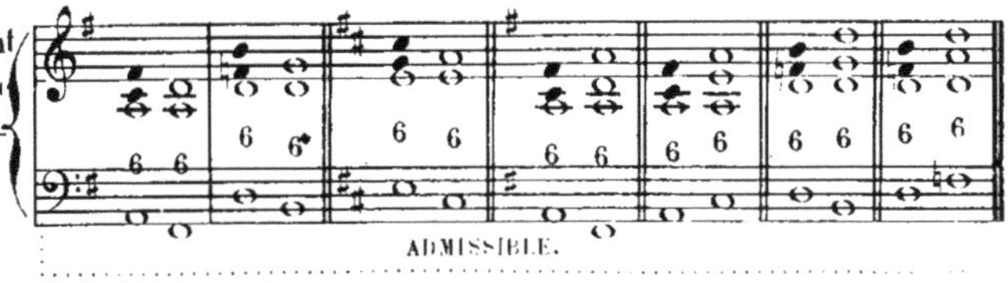
ADMISSIBLE.

Terme non-résolu doublé par Basse fondamentale. (§ 53)

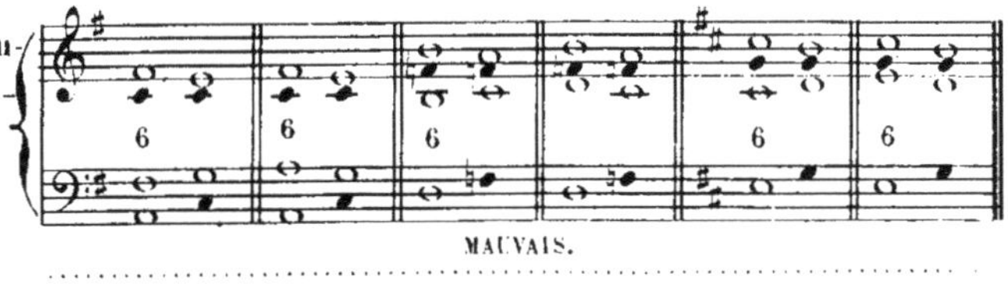
MAUVAIS.

Terme non-résolu doublé par Basse d'accord de Sixte. (§ 53)

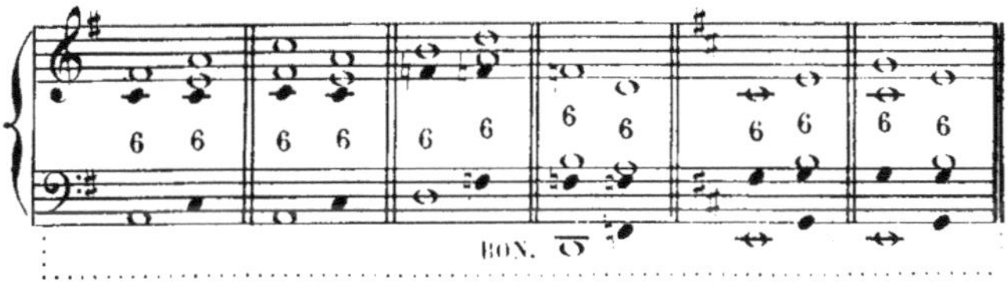
BON.

**110.** **Fausse relation de Triton.**

Chant montant

Basse descendante. (§ 55)

MAUVAIS

Chant descendant

Basse montante. (§ 55)

BON

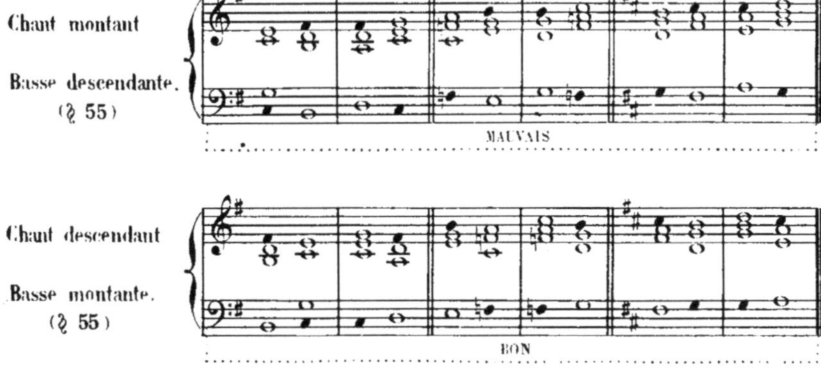

# ART: IV.

## Explications et exercices pratiques concernant les 2me, 5me et 7me Modes.

**111.** L'élève possède actuellement les éléments qui concourent à l'accompagnement des modes avec ♯ à la clef. Nous allons, comme pour les modes avec ♭, entrer dans des explications pratiques, en commençant par les formules les plus usitées des finales, dans leur ordre ascendant.

**5me Mode.** (Finale: **Do** Majeur.)

**7me Mode.** (Finale: **Ré** Majeur.)

**2me Mode.** (Finale: **Mi** Mineur.)

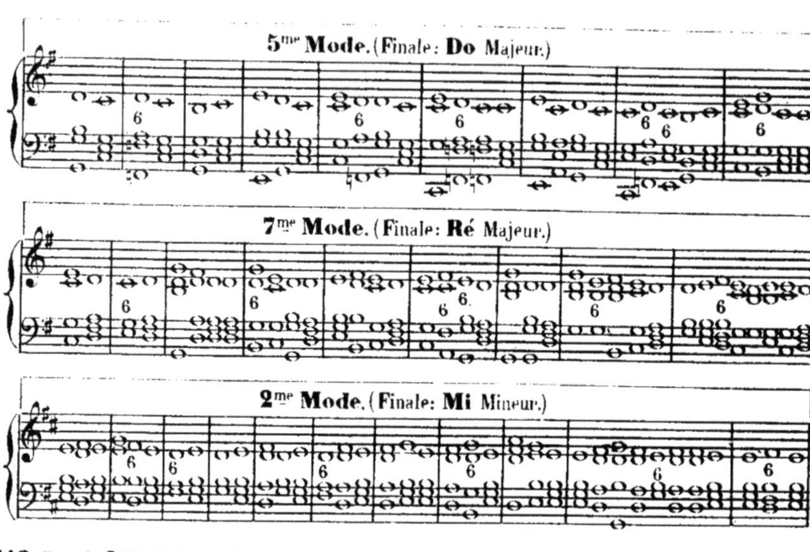

**112.** Pour le **2me** Mode in A, l'emploi du **do** naturel pourra donner à la même **finale** **mi mineur** une variété de formules.

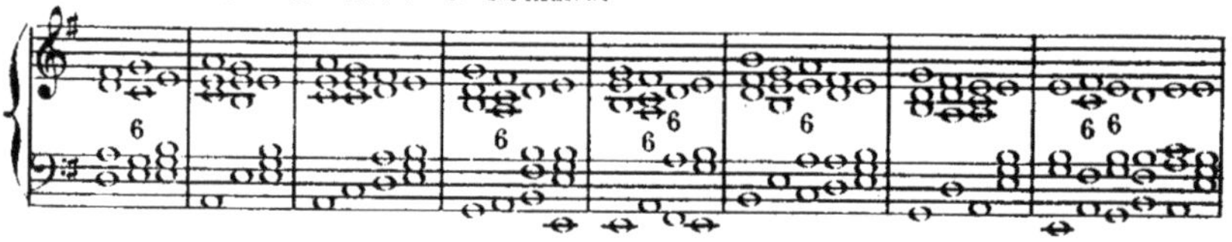

**113.** L'accord de **mi mineur** et l'accord de **sol majeur** ne se suivront jamais à l'état fondamental par mouvement semblable, à cause des 5tes et des 8ves consécutives qui en résultent. Ex:

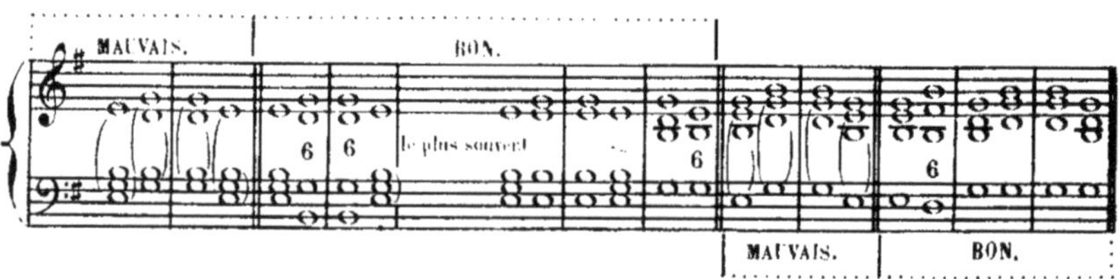

Mêmes fautes si l'on aboutit par mouvement semblable et disjoint, soit à l'octave, soit à la quinte. (§ 44, 42)

**114.** Ne pas oublier que deux octaves consécutives sont défendues, même par le *mouvement contraire*. (§ 40)

**115.** Exemples de l'accord amené à ses trois sons ou réduit à sa première tierce:

**116.** Exemple à retenir.

**117.** Emploi de l'accord de sixte lorsque la mélodie monte et descend d'une tierce.

**118.** Divers accompagnements pour le passage

**119.** Notes communes aux accords, lorsque la mélodie saute de quarte ou de quinte.

**120.** On aura soin de prévoir les passages du livre où le **fa ♯** ne monte pas au **sol**. Si l'on emploie pour accompagner ce **fa ♯** l'accord de quinte diminuée:

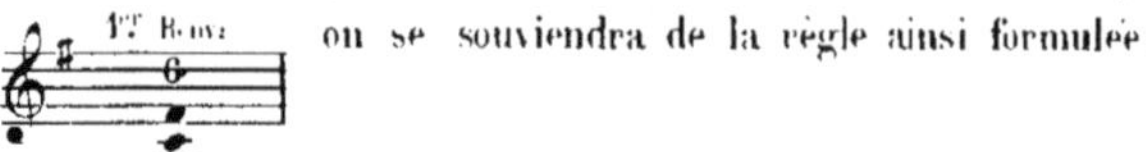


on se souviendra de la règle ainsi formulée:

*Un terme non résolu ne doit pas être doublé par la Basse d'un accord à l'état fondamental.* Ex: (§ 53)

MAUVAIS. BON.

Ceci ne concerne pas le 2me Mode, puisqu'il porte le **do♯**; mais le 2me *in A* y est compris.

**121.** On évitera sûrement toute faute en ne se servant pas de l'accord de quinte diminuée pour ce **fa ♯** qui ne monte pas au **sol**; et l'on accompagnera alors le **mi** qui précède par l'accord de **mi mineur**, et non par celui d'Ut majeur.

Exemple:

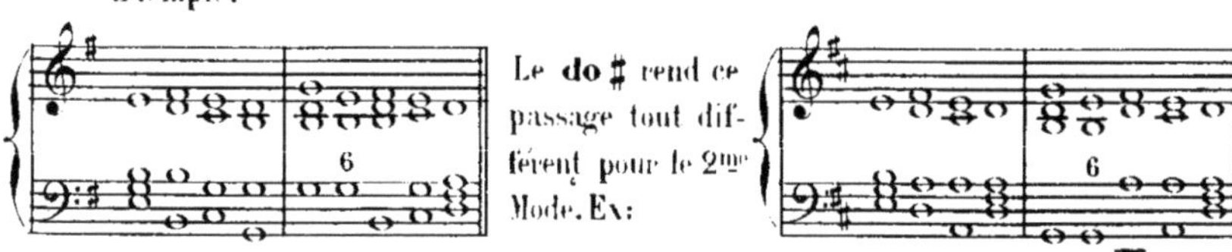

Le **do ♯** rend ce passage tout différent pour le 2me Mode. Ex:

Voici quelques exemples sur cette formule assez fréquente.

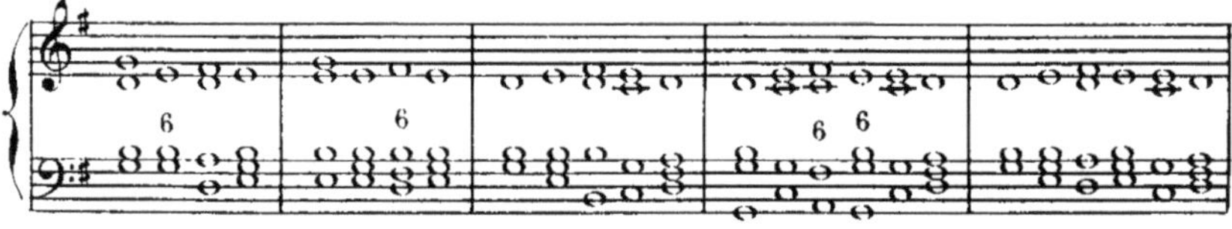

**122.** Exemples de groupes qui peuvent conserver la même Basse.

**123.** Terminons ce chapitre par des exercices accompagnés diversement, suivant le sens du passage, déterminé par le Mode_ou par le contexte.

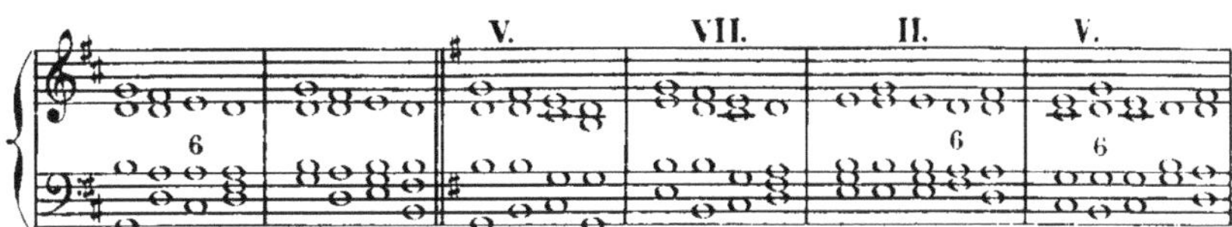


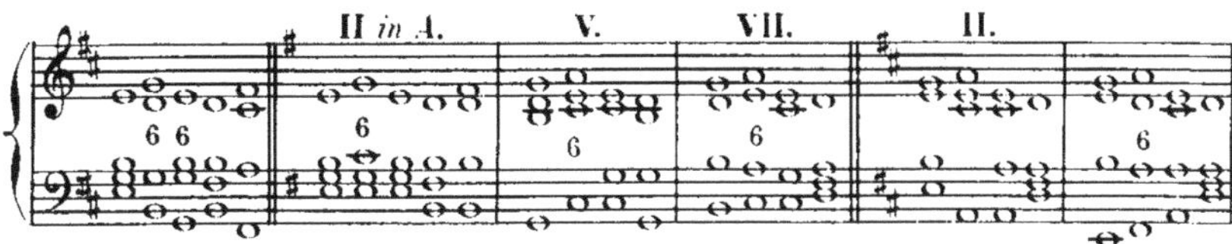

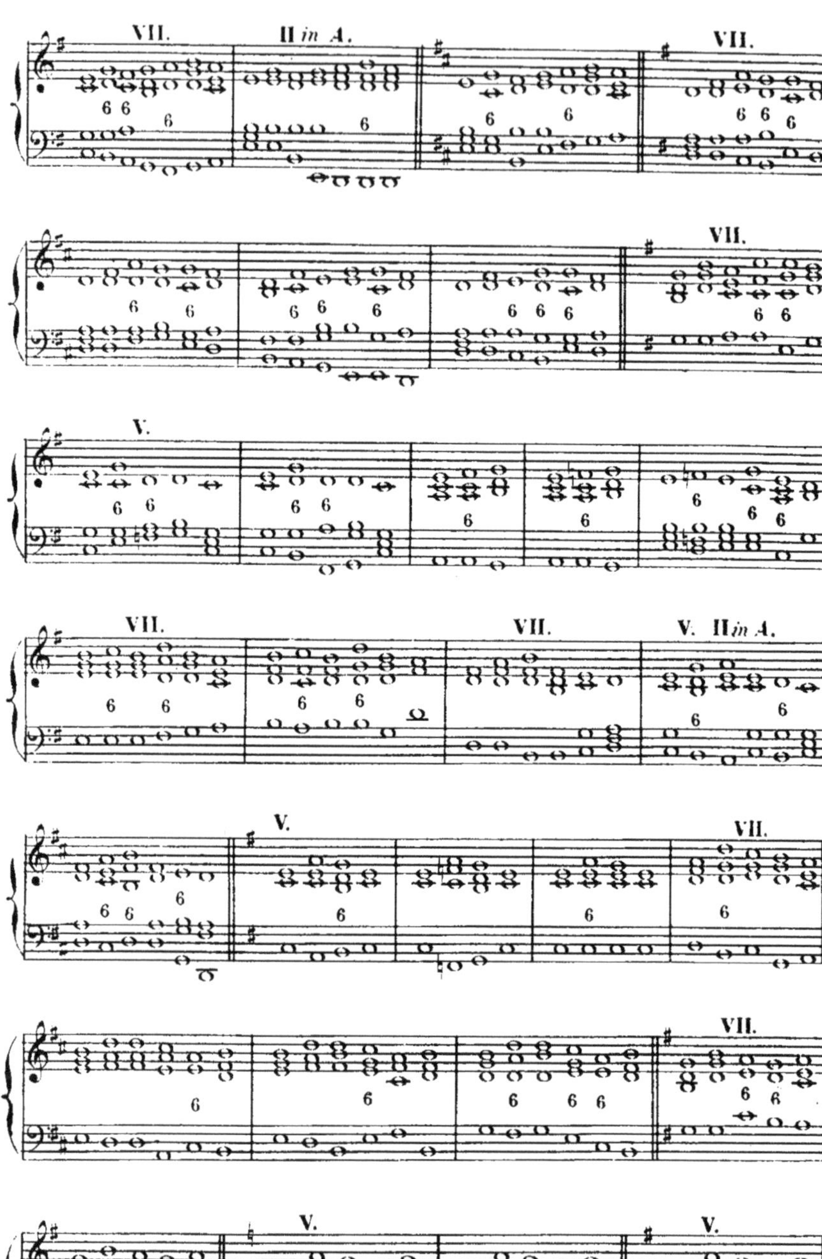
VII.
II in A.
VII.
VII.
V.
VII.
VII.
V. II in A.
V.
VII.
VII.
V.
V.

**Exemples:**

Voici, dans les mêmes conditions que pour les Modes avec ♭, deux accompagnements superposés du même texte, le premier monotone, le deuxième plus élégant.

**124.** **5me MODE.** (1)

(*Introït LOQUEBAR, Messe pour une Vierge et Martyre.*)

(1) Voir à 132.

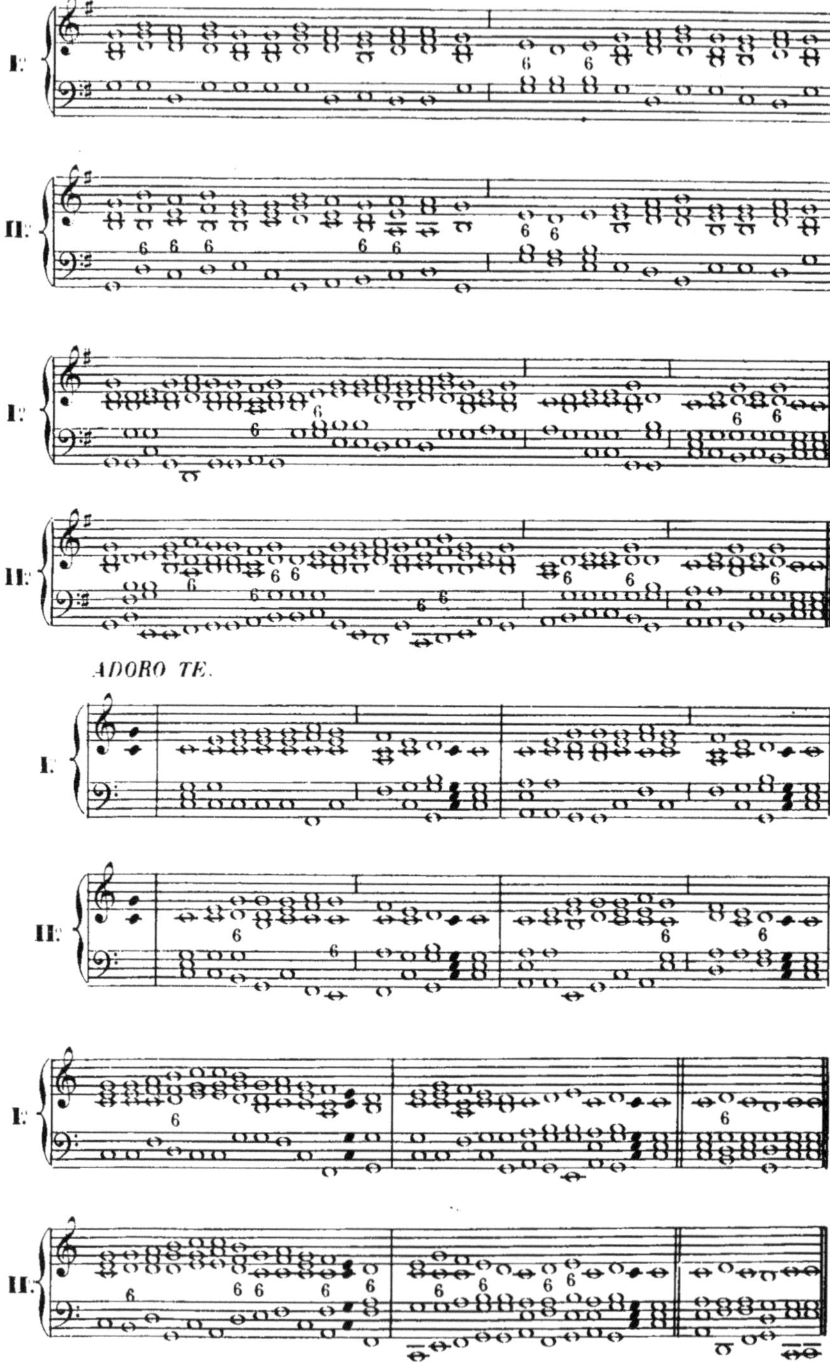
I.
II.
I.
II.
ADORO TE.
I.
II.
I.
II.

**125.**

## 7me MODE.

*SUB TUUM PRÆSIDIUM.*

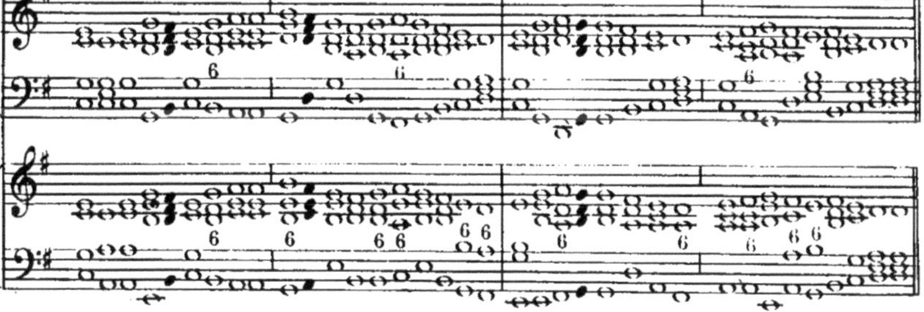


**126.**

## 2me MODE.

*DIES IRÆ.*

I°
II°
I°
II°
I°
II°
I°
II°

# TONS DES PSAUMES

127.

## 1er MODE.

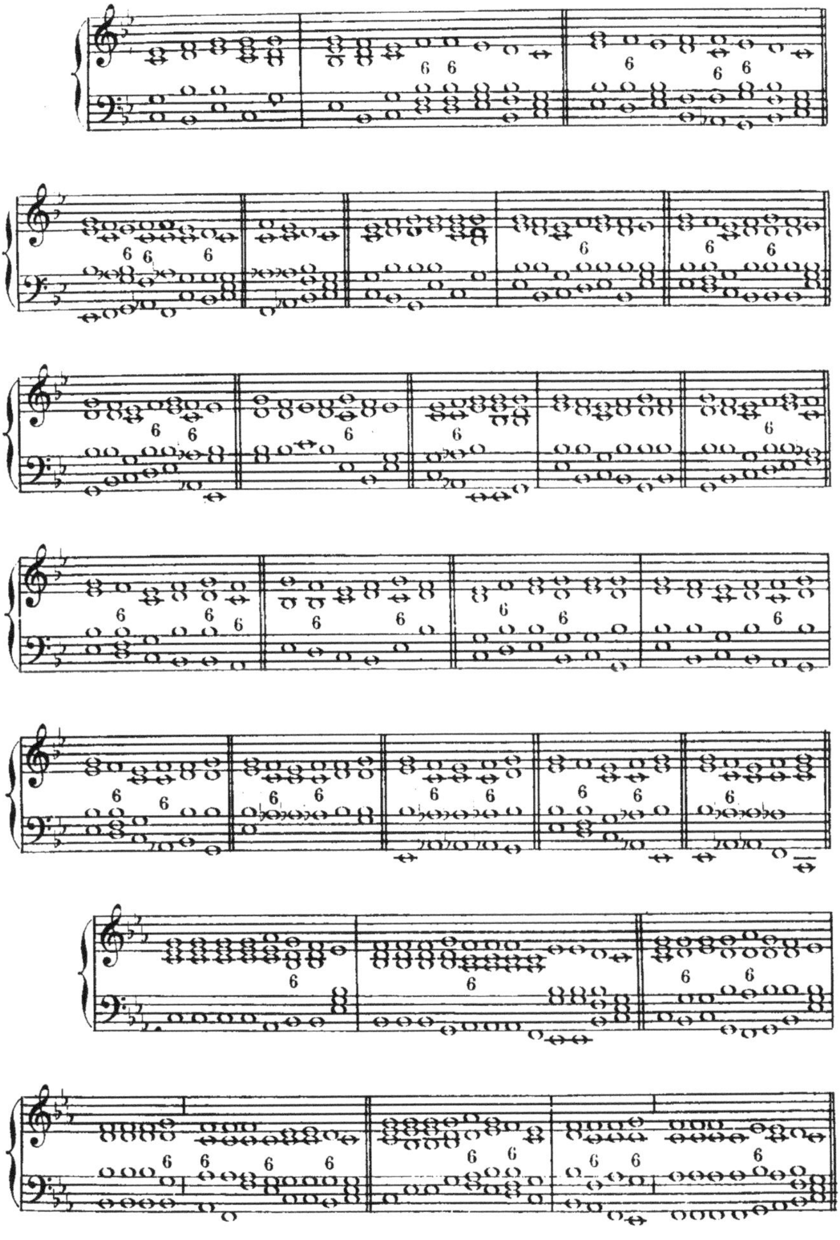

## 2me MODE.

## 3me MODE.

## 4me MODE.

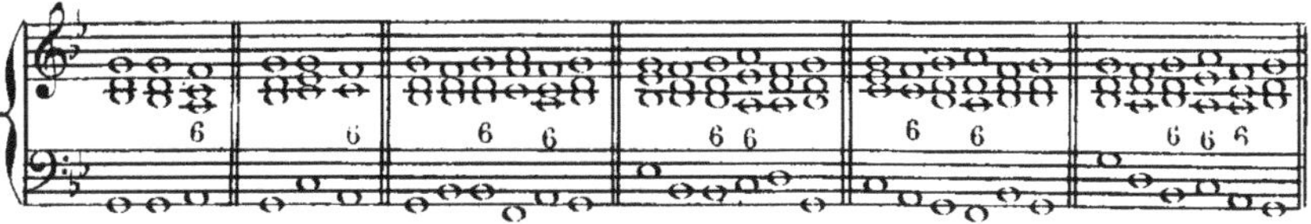

## 5me MODE.

## 6me MODE.

## 7me MODE.

6 6 6 6 6 6 6 6 6

6 6 6 6 6 6 6 6

6 6 6 6 6 6 6 6 6 6 6

## 8me MODE.

6 6 6 6

6 6 6 6 6 6

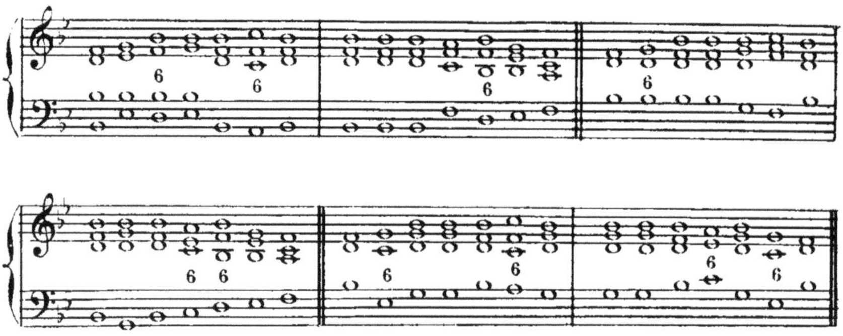

# APPENDICE.

## De l'exécution du plain-chant.

**128.** INTERPRÉTATION. _ Bien que la tradition ne nous ait pas légué, avec le texte du plain-chant, assez de documents sur la manière de l'exécuter, il est possible d'arriver, par un examen attentif de ce texte, à sa véritable interprétation. Sans entrer dans des détails qui ne sont point le but de cet ouvrage, il ne nous semble pas hors de propos de donner quelques indications pratiques.

Le plus grand obstacle à la bonne exécution du plain-chant, c'est qu'il a ordinairement des interprètes étrangers à la langue latine, et que ceux qui la connaissent, à force d'entendre ceux qui l'ignorent, finissent par la chanter comme s'ils ne la connaissaient pas. Si l'on ne peut exiger des chantres la science du latin, il est nécessaire qu'ils sachent au moins l'articuler et l'accentuer convenablement: il serait désirable qu'ils eussent une idée générale du sens des paroles qu'ils prononcent, assez pour distinguer si la mélodie qu'ils vont exécuter est une prière, une louange, une plainte ou bien une simple narration.

MOUVEMENT. _ La lenteur rend le plain-chant plus incompréhensible que solennel. Ce n'est alors qu'une épellation de syllabes que l'auditeur peut d'autant moins réussir à grouper en mots qu'il n'entend que des voyelles. Le mouvement **vrai** est donc celui dont l'allure est assez marquée pour que les mots deviennent intelligibles. Voilà sa règle fondamentale. Par conséquent, c'est une erreur de croire que le mouvement du plain-chant doive être mesuré au degré d'une solennité, plus lent à Pâques, plus rapide en Carême. Le contraire paraîtrait plus logique; car la sincérité dans l'expression rendrait plutôt lente la tristesse pénitente du Carême et rapide l'allégresse de l'Alleluia pascal. L'erreur du mouvement gradué selon l'importance de la solennité devient manifeste dans les cérémonies funèbres, où l'on voit la **Messe des Morts**, admirable dans son mouvement moyen, ralentie ou précipitée à l'excès suivant la **Classe.** Que ces classes soient distinguées par les ornements, les tentures, et le nombre des cierges, rien de mieux; mais à quel musicien persuadera-t-on de régler l'allure de son exécution sur la dignité de celui qui l'écoute?

EXPRESSION. _ Le plain-chant est-il expressif? Oui, certes. Le genre diatonique rendra cette expression plus contenue que dans la musique moderne, mais non moins réelle. De ce que la musique moderne s'est enrichie des procédés que les anciens n'ont pas connus, il ne s'ensuit pas que nos pères aient senti moins vivement que nous. Ils ont fait autre chose que des assemblages de notes incohérents; ils ont exprimé, dans un langage simple et fort, les sentiments de leur âme, et nous devons essayer de traduire ces sentiments au lieu de les mettre en doute. Les paroles, intimement liées au chant, seront notre guide,

Nous ne dirons pas: « **Pie Jesu** » avec le même accent que « **Tuba mirum spargens sonum** »; et dans l' **O salutaris hostia**, la voix, douce au début, augmentera de volume sur les mots: « **Bella premunt hostilia** » pour diminuer d'intensité jusqu'à la fin de la strophe.

Signalons deux défauts également nuisibles à l'expression naturelle du plain-chant: l'un qui consiste à précipiter les groupes de notes, l'autre qui hache les mots et martèle les syllabes, en donnant sur chaque son un nouveau coup de gosier. Le premier s'évite avec un peu d'attention, mais ce n'est souvent qu'après une longue et patiente étude que l'on se débarrasse du dernier. Un bon moyen d'y parvenir est de se représenter combien barbare devient une langue par un chant martelé.

Exemple:

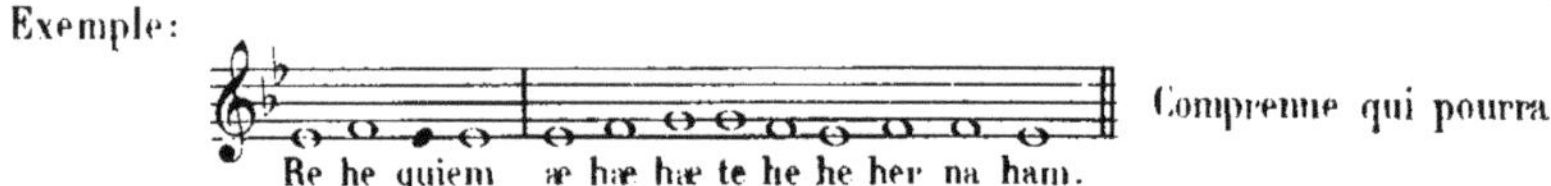


Comprenne qui pourra.

**RESPIRATION**. — Dans l'art du chant, la respiration est un point délicat entre tous. Il la faut aussi naturelle, aussi inaperçue que dans la parole. On respirera plus fréquemment en chantant qu'en parlant, parce qu'on dépense plus de souffle, et jamais on n'attendra que l'on soit à bout d'haleine. Ce conseil est moins oiseux qu'il n'en a l'air. Rien de plus commun ni de plus disgracieux que l'essoufflement, qui a l'air de rendre l'âme et de forcer autrui à respirer pour soi. Chanter le mieux, en un mot, c'est chanter le plus naturellement. La lecture de l'excellent ouvrage de Dom. Pothier, moine bénédictin de Solesmes, sur les MÉLODIES GRÉGORIENNES, y contraindrait le plus rebelle.

**129**. Nous avons dit (§ 31) que le **si**, dans le système du plain-chant, est une note variable, et qu'on l'affecte d'un bémol lorsqu'elle produirait à l'état naturel une relation de triton avec le **fa**. Cela arrive toutes les fois, par exemple, qu'un passage mélodique partant du **fa** monte au **si** pour revenir aussitôt sur ses pas, ou bien descend du **si** au **fa** pour remonter ensuite.

Le triton est partout évité de cette manière. Cependant nous citerons deux exemples connus de tous où le **si**, maintenu naturel, n'atténue pas la dureté des trois tons entiers. C'est dans la prose **Lauda Sion** (7me mode) plusieurs finales de strophes, et la fin du **Veni, Creator Spiritus** (8me mode).

Dans ces exemples le si bémolisé enlèverait à la mélodie son caractère énergique, comme il est aisé de s'en convaincre. C'est pourquoi on a proposé de modifier le texte.

Ex:

L'intervalle de quinte remplace celui de quarte augmentée, il est vrai, mais au prix d'une altération regrettable de la mélodie. Il y a là expédient plutôt que solution, et nous n'en pouvons conclure qu'à la nécessité de faire disparaître le triton par le seul moyen qui reste: le **fa ♯**. On le fait tout naturellement, et les occasions de le pratiquer sont si rares qu'il n'a pas été nécessaire d'en marquer le signe et que la règle se trouve confirmée par les exceptions.

Nous aurons donc:

ce qui nous donne, d'après nos principes de lecture.

Cela nous conduit à tirer argument de cet accident exceptionnel pour le transporter (exceptionnellement) dans l'accompagnement, où il déterminera des cadences de repos selon l'esprit du texte.

Ici, comme dans tout l'accompagnement du plain-chant, la partie qui possède l'accident doit marcher **diatoniquement.** Un **MI ♭** ou un **DO** naturel immédiatement suivis d'un **mi** ♮ ou d'un **do ♯** seraient du plus mauvais effet.

La raison en est que le chant ne procède jamais chromatiquement.

**130.** Nos principes de lecture s'appliquent à toutes les éditions. Cependant il y en a quelques unes (celle des Bénédictins de Solesmes, par exemple) dans lesquelles un même mode n'est pas toujours noté à la même échelle. La note finale d'un morceau fera reconnaître cette différence. On sait que **do** est finale des 1ers et 5e modes; **ré** des 3me 4me et 7me; **mi** ♭ du 6me; **mi** du 2me; **fa** du 8me. Nous appellerons invariablement **do** la note placée sur la première ligne. Mais si, en jetant un coup d'œil sur la note finale, cette finale n'est pas celle que nous connaissons pour chaque mode, il en résultera un changement non pas de *lecture*, mais d'*armature* à la clef, en sorte qu'un mode avec ♭ deviendra mode avec ♯, et réciproquement.

Voilà le principe fixe de toutes les modifications qui peuvent se présenter. On voit par là que ces modifications n'imposent aucun nouveau travail réel, mais seulement un peu d'attention qui cessera d'elle-même par l'habitude.

Les 1er et 6me modes sont immobiles à peu près partout. Pour les autres, voici leurs principales variations:

I° Le **2me mode** a quelquefois pour finale **sol mineur,** ce qui donne l'échelle et l'armature suivantes:

Ce cas est très rare.

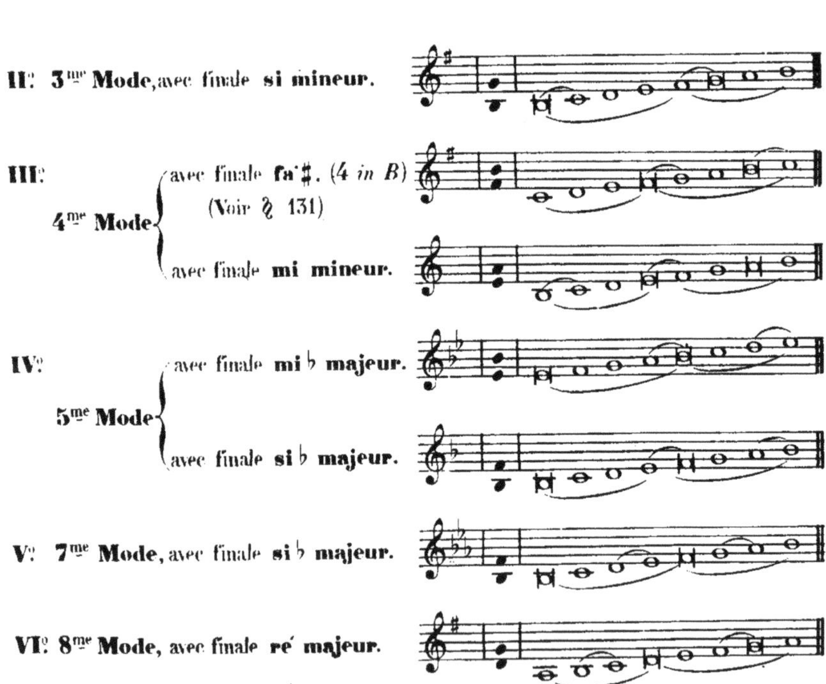

On peut ainsi se forger soi-même n'importe quelle clef. Supposons, par exemple, que la lecture nous découvre un **1er** mode avec **mi** pour finale. L'accord de cette finale sera **mi mineur**, l'accord de la dominante **si mineur**, et nous aurons l'échelle suivante:

Remarquez que toutes ces clefs nous étant déjà familières, nous n'avons à connaître aucun élément nouveau. Tout se déduit des principes exposés: tout se réduit à une substitution d'accidents.

**131.** On a sans doute remarqué, au paragraphe précédent, le **IVme** mode avec finale **fa ♯**, à cause de sa quarte augmentée (**do** à **fa ♯**) et de sa quinte diminuée (**fa ♯** à **do**). On l'appelle 4 *in B* (1) ou 4me *transposé*. Bien qu'il soit assez rare, nous devons nous y arrêter; car il est employé pendant le temps Pascal aux *Gloria*, *Sanctus* et *Agnus*.

Voici son échelle non transposée:

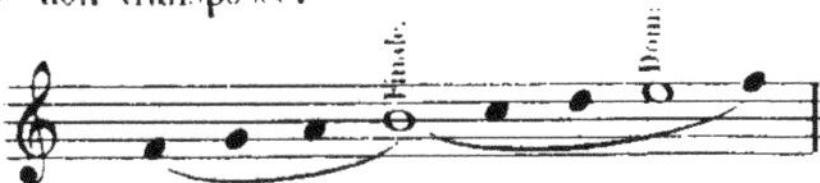


L'imperfection mélodique de cette échelle se fera sentir dans l'harmonie, qui ne pouvant fournir à la note finale un accord de repos absolu, lui souscrira logiquement l'accord de la dominante. Exemple:

(I) (II)

IMPOSSIBLE. BON.

Mettez un ♯ au **do** dans le 1er exemple, et le mode cesse d'être original. Il ne reste donc de plausible que l'exemple II. Quelques passages harmonisés vont suffire à dissiper toute hésitation.

(1) 4 *in B* veut dire que la finale est *si*. On sait que les anciens appliquaient aux notes des lettres de l'alphabet A = *la*, B = *si*, C = *do*, D = *ré*, E = *mi*, F = *fa*, G = *sol*.

**132.** Pour être pratique jusqu'au bout, disons que le **5$^{me}$ mode** descend quelquefois au **sol** grave, et qu'il arrive parfois au **8$^{me}$ mode** de se maintenir dans une région relativement élevée. Dans ces cas dont chacun reste juge, on peut se voir obligé, à défaut d'un clavier transpositeur, de transposer la notation, c'est-à-dire, de ne pas lire **do**, sur la première ligne, Nous proposons alors de hausser le **5$^{me}$** mode, (s'il est trop bas) et de baisser le **8$^{me}$** (s'il est trop haut) d'une **tierce mineure**. On lira donc, exceptionnellement, **mi** ♭ sur la première ligne pour le **5$^{me}$** et **la** naturel pour le **8$^{me}$**. Le **5$^{me}$ mode** deviendra de cette façon un mode avec deux ♭ (comme le **6$^{me}$**) et le **8$^{me}$** un mode avec un ♯ (comme le **7$^{me}$**). Cette transposition est plus simple que toute autre, parce que les notes que l'on a coutume de voir sur les lignes demeurent sur des lignes.

**133.** L'emploi du premier renversement de l'accord de quinte diminuée, tel que nous l'avons formulé (§ 50 et suivants), est très légitime. Autant cet accord serait dur à l'état fondamental, autant sa modification en accord de sixte le rend attrayant. Il n'est pas de mode qui n'arrive à faire entendre, dans sa succession mélodique, la quarte augmentée qu'il produit harmoniquement. Avec lui nous ne sortons pas de la nature du plain-chant. Il contient évidemment le principe des accords dissonnants (*accords de 4 sons*); mais il leur est antérieur, n'est point soumis aux lois qui les régissent et complète la série consonnante.

**134.** Il y a une tendance toute moderne (d'où naîtra peut être une école) qui consiste à donner un même accord à plusieurs notes du chant, en considérant comme *notes de passage* celles qui, soit dans le chant, soit dans l'accompagnement, ne tombent pas naturellement sur cet accord. Nous n'y contredisons point et pensons que le plain-chant est susceptible d'être traité de cette manière. C'est pour nous en rapprocher que nous avons conseillé (§ 89) de garder la même Basse toutes les fois qu'on le peut, afin de donner une allure plus vive à la mélodie. Mais il y a loin de là à la théorie des dissonances de passage. Outre la difficulté très grande de déterminer les notes réelles, alors qu'elles sont de même valeur et qu'on n'a pas, comme dans la musique moderne, la mesure qui distingue régulièrement les temps forts des temps faibles, il faut être rompu aux artifices du contre-point pour entreprendre avec correction, à livre ouvert, ce genre d'accompagnement.

Nous estimons donc que l'élève doit vivre longtemps des principes de l'harmonie consonnante naturelle, s'il veut acquérir une expérience personnelle dans l'exploitation de ce fonds commun.

A ce prix il suivra avec intérêt et presque en connaissance de cause l'évolution nouvelle à laquelle nous pourrons travailler un jour, si Dieu le permet.

FIN

Paris, Joly, Graveur-Imprimeur, CHEVEL Frès Succrs Faub: St Denis. 18.

# DU MÊME AUTEUR

**Cantiques populaires** *(2e édition)* mis en harmonie pour l'orgue et pour les voix ........ 7 fr. net

**Marche triomphale** *(2e édition)* pour orgue ou harmonium ....... 1 fr.

**Offertoire pour les Morts,** Soli et chœurs à 4 ou à 3 voix, avec accompagnement d'orgue ou d'harmonium.. ........ 2 fr.

**La Vocation,** 4 chants, avec accompagnement d'orgue ou d'harmonium 1.50 »

**La Bretagne,** chœur à 4 voix d'hommes........ 2. »

**Cantique au Bienheureux Grignon de Montfort** *(3e édition)*........ 0.50 »

**Cantique pour Pélerinage** *(2e édition)* à l'unisson, avec accompagnement d'orgue ou d'harmonium ........ 0.25 »

**Souvenirs de Collège,** soli et chœur à 3 voix, avec accompagnement de piano........ 0.50 »

**Marche solennelle,** pour orgue ou harmonium ........ 1.70 »

**Traité de l'accompagnement du plain-chant** ........ 6. » »

**Messe de l'office des Morts** harmonisée à 4 voix ........ 1.25 »

CHEZ

BOSSARD - BONNEL

**3, Rue Nationale, RENNES**

# DU MÊME AUTEUR

| | |
|---|---|
| **Cantiques populaires** *(2e édition)* mis en harmonie pour l'orgue et pour les voix ........................ | 7 fr. *net* |
| **Marche triomphale** *(2e édition)* pour orgue ou harmonium ....... | 1 fr. » |
| **Offertoire pour les Morts,** Soli et chœurs à 4 ou à 3 voix, avec accompagnement d'orgue ou d'harmonium........................ | 2 fr. » |
| **La Vocation,** 4 chants, avec accompagnement d'orgue ou d'harmonium | 1.50 » |
| **La Bretagne,** chœur à 4 voix d'hommes........................ | 2. » » |
| **Cantique au Bienheureux Grignon de Montfort** *(3e édition)*........................ | 0.50 » |
| **Cantique pour Pélerinage** *(2e édition)* à l'unisson, avec accompagnement d'orgue ou d'harmonium ........................ | 0.25 » |
| **Souvenirs de Collège,** soli et chœur à 3 voix, avec accompagnement de piano........................ | 0.50 » |
| **Marche solennelle,** pour orgue ou harmonium ................. | 1.70 » |
| **Traité de l'accompagnement du plain-chant** ........ | 6. » » |
| **Messe de l'office des Morts** harmonisée à 4 voix ............ | 1.25 » |

CHEZ

BOSSARD-BONNEL

**3, Rue Nationale, RENNES**

www.ingramcontent.com/pod-product-compliance
Ingram Content Group UK Ltd.
Pitfield, Milton Keynes, MK11 3LW, UK
UKHW021112260726
13994UKWH00002B/853

9 782329 385822